美国小学主流科学教材

【美】杰伊·哈克特 等 著
STEM未来计划编写组 译

STEM 4

Science, Engineering and Technology

U0952426

浙江教育出版社·杭州

STEM单元

培养未来领导者的新课程……

科学、工程、技术单元

为学习《新一代科学教育标准》做准备

以STEM为核心的单元模式提供了将科学理念与工程原理相结合的体验

什么是STEM单元：

- 独立的单元能吸引、鼓励学生围绕科学主题进行探究。
- 互动式、可书写的问答形式为学生构建个性化的学习过程。
- “学习指南”在加深学习印象的同时，使学习过程变得更有趣。

为什么要学习STEM：

- STEM能轻松地融合到任何已有的课程中。
- 培养学生合作、交流和批判性思考等21世纪必备能力。
- 理论联系实际，利用课堂中习得的知识解决实际生活中的问题。

本书特色：

通过一系列简单、易操作的活动引导学生参与相关的探究式学习。

Program Authors

Dr. Jay K. Hackett
Professor Emeritus of Earth Sciences
University of Northern Colorado
Greeley, CO

Dr. Richard H. Moyer
Professor of Science Education and Natural Sciences
University of Michigan-Dearborn
Dearborn, MI

Dr. JoAnne Vasquez
Elementary Science Education Consultant
NSTA Past President
Member, National Science Board and NASA Education Board

Mulugheta Teferi, M.A.
Principal, Gateway Middle School
Center of Math, Science, and Technology
St. Louis Public Schools
St. Louis, MO

Dinah Zike, M.Ed.
Dinah Might Adventures LP
San Antonio, TX

Kathryn LeRoy, M.S.
Chief Officer
Curriculum Services
Duval County Schools, FL

Dr. Dorothy J. T. Terman
Science Curriculum Development Consultant
Former K-12 Science and Mathematics Coordinator
Irvine Unified School District, CA
Irvine, CA

Dr. Gerald F. Wheeler
Executive Director
National Science Teachers Association

Bank Street College of Education
New York, NY

Contributing Authors

Dr. Sally Ride
Sally Ride Science
San Diego, CA

Lucille Villegas Barrera, M.Ed.
Elementary Science Supervisor
Houston Independent School District
Houston, TX

American Museum of Natural History
New York, NY

Contributing Writer

Ellen C. Grace, M.S.
Consultant
Albuquerque, NM

Students with print disabilities may be eligible to obtain an accessible, audio version of the pupil edition of this textbook.
Please call Recording for the Blind & Dyslexic at 1-800-221-4792 for complete information.

connectED.mcgraw-hill.com

Copyright © 2014 McGraw-Hill Education

All rights reserved. The contents, or parts thereof, may be reproduced in print form for non-profit educational use with Science A Closer Look, provided such reproductions bear copyright notice, but may not be reproduced in any form for any other purpose without the prior written consent of McGraw-Hill Education, including, but not limited to, network storage or transmission, or broadcast for distance learning.

McGraw-Hill is committed to providing instructional materials in Science, Technology, Engineering, and Mathematics (STEM) that give all students a solid foundation, one that prepares them for college and careers in the 21st century.

FOLDABLES® is a Trademark of The McGraw-Hill Companies, Inc.

Send all inquiries to:
McGraw-Hill Education
STEM Learning Solutions Center
8787 Orion Place
Columbus, OH 43240

ISBN: 978-0-02-143816-7
MHID: 0-02-143816-1

Printed in the United States of America.

4 5 6 7 8 9 QVS 22 21 20 19 18 17 16 15 14

Content Consultants

Paul R. Haberstroh, Ph.D.
Mohave Community College
Lake Havasu City, AZ

Timothy Long
School of Earth and Atmospheric Sciences
Georgia Institute of Technology
Atlanta, GA

Rick MacPherson, Ph.D.
Program Director
The Coral Reef Alliance
San Francisco, CA

Hector Córdova Mireles, Ph.D.
Physics Department
California State Polytechnic University
Pomona, CA

Charlotte A. Otto, Ph.D.
Department of Natural Sciences
University of Michigan-Dearborn
Dearborn, MI

Paul Zitzewitz, Ph.D.
Department of Natural Sciences
University of Michigan-Dearborn
Dearborn, MI

Editorial Advisory Board

Deborah T. Boros, M.A.
President, Society of Elementary Presidential Awardees
Second-Grade Teacher
Mississippi Elementary
Coon Rapids, MN

Lorraine Conrad
K-12 Coordinator of Science
Richland County School District #2
Columbia, SC

Kitty Farnell
Science/Health/PE Coordinator
School District 5 of Lexington and Richland Counties
Ballentine, SC

Kathy Grimes, Ph.D.
Science Specialist
Las Vegas, NV

Richard Hogen
Fourth-Grade Teacher
Rudy Bologna Elementary School
Chandler, AZ

Kathy Horstmeyer
Educational Consultant
Past President, Society of Presidential Awardees
Past Preschool/Elementary NSTA Director
Carefree, AZ and Chester, CT

Jean Kugler
Gaywood Elementary School
Prince Georges County Public Schools
Lanham, MD

Bill Metz, Ph.D.
Science Education Consultant
Fort Washington, PA

Karen Stratton
Science Coordinator K-12
Lexington District One
Lexington, SC

Emma Walton, Ph.D.
Science Education Consultant
NSTA Past President
Anchorage, AK

Debbie Wickerham
Teacher
Findlay City Schools
Findlay, OH

AMERICAN MUSEUM OF NATURAL HISTORY

The American Museum of Natural History in New York City is one of the world's preeminent scientific, educational, and cultural institutions, with a global mission to explore and interpret human cultures and the natural world through scientific research, education, and exhibitions. Each year the Museum welcomes around 4 million visitors, including 500,000 schoolchildren in organized field trips. It provides professional development activities for thousands of teachers; hundreds of public programs that serve audiences ranging from preschoolers to seniors; and an array of learning and teaching resources for use in homes, schools, and community-based settings. Visit www.amnh.org for online resources.

译 序

一部好教材欲保持其生命力的重要举措就是要不断地与时俱进，要随着社会的变迁、学术的进步不断地吐故纳新。浙江教育出版社引进出版的《科学启蒙(第二版)》就是这样的一部好教材。

比较这套教材的两个版本，不难发现，第一版显然依据的是1996年美国颁布的科学教育标准。1996年的科学教育标准有三个重要特点：(1)明确科学教育的目标是培养所有学生的科学素养（美国曾经有过把培养科学家作为科学教育培养目标的历史）；(2)强调要把科学本身的实际做法，即科学探究也作为科学教育的内容；(3)将科学课程的内容按“生命科学、物质科学、地球与空间科学”三个领域加以划分。第一版的《科学启蒙》较好地落实了课程标准的这些理念。

第二版依据的是美国2013年颁布的《新一代科学教育标准（NGSS）》。和1996年课程标准相比，2013年的标准有三个显著变化。(1)将科学探究扩充为“科学与工程实践”，明显强化了运用科学概念解决实际问题能力的培养。(2)强调科学大概念。标准提出了判断大概念的4个原则：①具有学科的意义，具有跨越多个学科领域的广泛的重要性，或者是本学科中组织相关知识的关键概念；②具有解释力，能解释许多现象；③具有生成性，能为理解和探究更多的概念和解决问题提供关键的工具，与社会、家庭相关；④能从幼儿园到高中螺旋上升。(3)强调了学科间的融合，不仅是科学、技术、工程、数学的融合，还有科学、语文、数学的融合。

第二版的《科学启蒙》教材真的是在与时俱进。首先，它在继续强调科学探究的同时，大大强化了工程设计部分，不仅在各领域各章节中增加了运用相关知识解决实际问题的机会，还在“做一名科学家”版块增添了有关工程设计的“聚焦技能”。第二，在强调科学大概念方面，教材不仅在各章节都有科学大概念的明确标示，还在各章结尾之处增加了科学概念和技能的测评。第三，在学科融合方面，教材不仅强化了科学阅读（包括文和图）和科学写作的指导，还强化了数学意识和能力的培养。

《科学启蒙》这套教材还有一个突出的亮点就是它精彩的图片。大量有视觉冲击力的照片和灵动的排版为教材增色不少，让人爱不释手。

它山之石，可以攻玉。中国正在进行着课程改革，也正在努力地缩短与发达国家在教育上的差距，引进国外好的教材不失为一种有效的捷径。不同的群体都可以从《科学启蒙》这套教材中获益。它为教材编写者提供了一个如何将内容与活动结合的范例，它给予科学教师教学活动设计的启迪，它为语文老师提供了如何指导学生科学阅读和科学写作的策略，就连出版社也可以从中获得科学教材排版方面的启示。除此，作为一套学生的科学阅读的材料，它也是一个不错的选择。

只有站在巨人的肩膀上我们才可以实现弯道超车，才可以追赶上发达国家，才可以实现伟大的中国梦！国家如此，科学教育亦然，让我们共同努力！

小学科学课程标准研制组组长、修订组副组长
南京师范大学教科院教授 郝京华

STEM单元

目录

Contents

做一名科学家

科学、工程和技术

读图技能训练

迷你实验记录单

做一名科学家

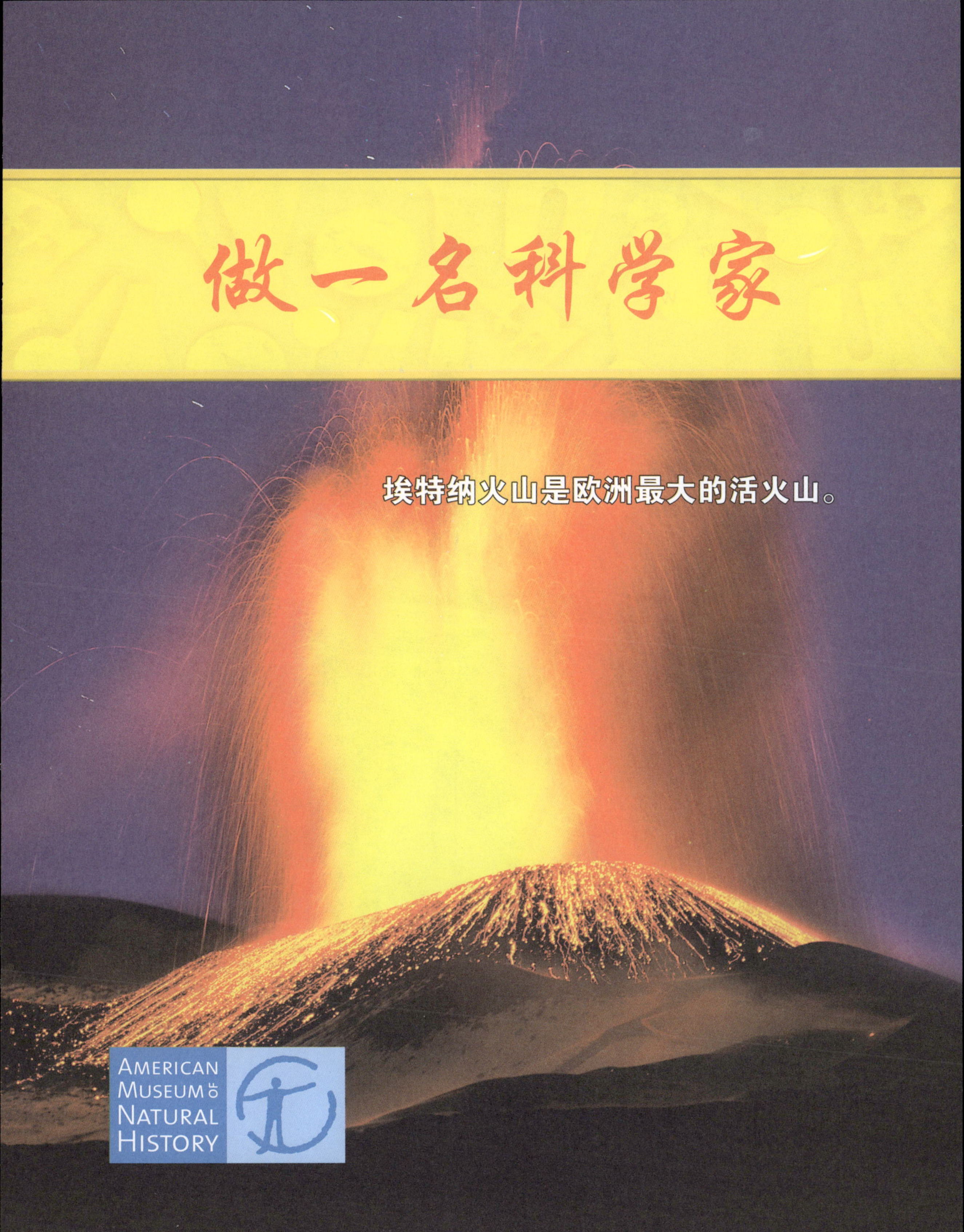

埃特纳火山是欧洲最大的活火山。

AMERICAN MUSEUM OF NATURAL HISTORY

科学方法

弗朗西斯卡在野外研究火山。

吉姆在实验室中研究火山。

看一看，想一想

吉姆·韦伯斯特和弗朗西斯卡·辛托尼都是地质学家，他们在纽约的美国自然历史博物馆工作。地质学家是一类研究地球内部和外部变化的科学家。如图所示是印度尼西亚群岛上的一座火山，吉姆和弗朗西斯卡对此十分好奇，他们想弄清楚火山喷发的原因。你认为地球内部究竟发生了什么，才把一团团火山灰和气体喷射上了天？

____

____

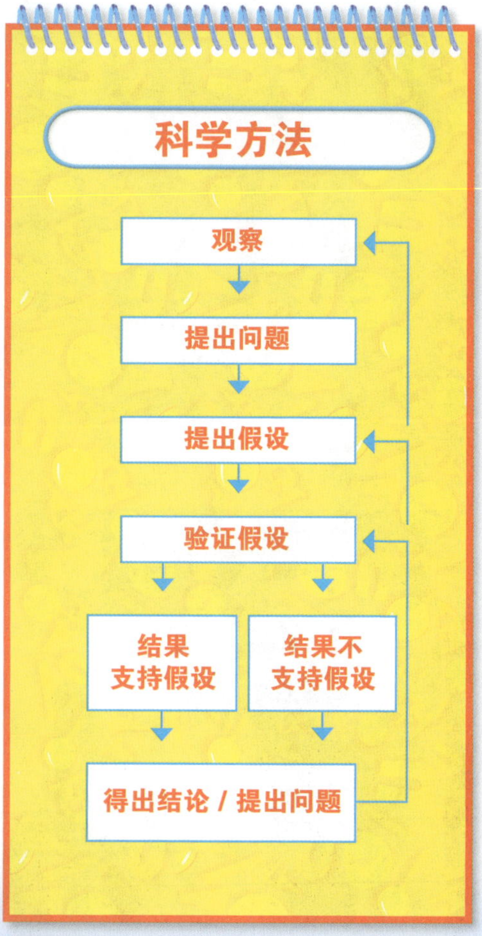

科学家做什么？

意大利的那不勒斯有超过 100 万的人口。这座城市就位于维苏威活火山附近。在过去的 2000 年中，这座火山已经喷发了许多次。作为一名地质学家，弗朗西斯卡长年住在意大利研究维苏威火山，她说：“火山非常危险。”

科学方法

弗朗西斯卡和吉姆想知道，像维苏威火山那样的火山喷发，究竟是由哪些原因引起的。为了找出答案，他们需要运用科学方法。科学方法（scientific method）是指科学家寻找问题答案的过程。运用这种方法，科学家就能解释关于自然界的各种问题。在研究问题时，科学家一般按照左图所示的步骤来进行，不过，也不是每一次的研究都需要严格按照这些步骤。

从意大利那不勒斯可以看见维苏威火山，它的上一次喷发是在 1944 年。

提出问题

火山喷发时喷射出的熔融的岩石，叫做岩浆。这些岩浆来自地球深处。岩浆中通常含有各种气体，如水蒸气、氯气等。

从火山中喷射出的岩浆，冷却后就形成了岩石。这种岩石上常常布满了小孔，这些小孔就是由热岩浆中的气体形成的。

吉姆和弗朗西斯卡提出了问题：为什么有些火山的喷发会更剧烈？他们已经知道，水蒸气会影响火山喷发的剧烈程度。结合已经掌握的信息，吉姆和弗朗西斯卡作出了预测：其他物质也会影响火山的喷发。为此，他们将“其他物质”设定为一种叫做氯气的物质，以此作为验证影响火山喷发剧烈程度的因素。

作出假设

吉姆和弗朗西斯卡对他们所提问题的答案作出了假设。**假设（hypothesis）**是指可以被验证的、关于某个问题答案的陈述。他们假设：如果岩浆中含有氯气，火山喷发就会更剧烈。

小测验

1. **吉姆和弗朗西斯卡想要回答的问题是什么？**

____

____

____

____

吉姆和弗朗西斯卡想知道火山为什么会那样喷发。

科学家怎样验证假设？

吉姆和弗朗西斯卡可以在活火山中进行研究吗？不可以！他们只能在实验室中研究。在吉姆的实验室里，有一个可以模拟火山深处的温度和压力的仪器。“我们试着模拟地壳内部的温度和压力。”吉姆解释道。

选择策略

为了验证假设，吉姆和弗朗西斯卡需要收集证据。为此，他们决定进行一组实验来检验氯气对火山喷发的影响。**实验（experiment）**是指一种用来支持或推翻假设的科学验证。

设计步骤

吉姆和弗朗西斯卡写出了明确的实验步骤。这样，他们和其他人都可以重复这些实验。为什么要这样做呢？因为严谨的实验需要重复地验证。如果重复实验的结果是相近的，那就更有说服力了。

这个实验设计的关键是在火山岩样本中加入一定量的氯气。在实验过程中，加入的氯气的量是唯一改变的因素。

为了验证某种假设，科学家常常会特意改变某个因素。通常，一次实验只改变一个因素。

除了上文中提到的特意改变的某个因素，严谨的实验还需要确保其他因素不变。在这个实验中，科学家计划保持每个样本的质量、压力和温度不变。那么，怎样才能知道氯气是否会对火山喷发产生影响呢？科学家可以通过统计每块岩石上的小孔数量来进行判断。

小测验

2. 为什么吉姆和弗朗西斯卡不能直接从活火山中收集数据？

____

____

____

____

____

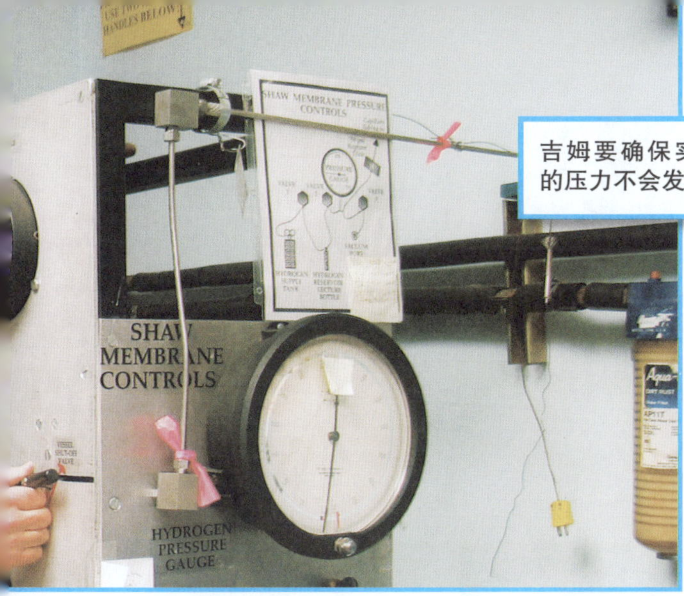

吉姆要确保实验过程中的压力不会发生变化。

本页中，吉姆和弗朗西斯卡是怎样验证实验中特意改变的因素的？在相关句子下画线。

收集数据

吉姆和弗朗西斯卡按照计划进行实验。他们将碾碎的岩石和水一起倒入几个相同的小金属容器，每个容器中加入不同量的氯气。其中一个容器不加氯气。

弗朗西斯卡将密封的容器放入一个坚固的钢瓶中。然后吉姆升高钢瓶中的压力，再将钢瓶中的温度升高到烤比萨时的 10 倍。

一周后，吉姆和弗朗西斯卡将钢瓶冷却，打开容器，取出岩石，在显微镜下观察。他们数出岩石上小孔的数量，并做了记录。之后，他们按相同的方法重复进行该实验，以确保数据真实可信。

小测验

3. 吉姆和弗朗西斯卡在实验过程中控制的变量是什么？

____

____

火山岩上的小孔是由于岩浆中存在气泡而形成的。

科学家怎样分析数据?

吉姆和弗朗西斯卡在收集数据时，认真记录观察结果。他们记录每个容器中加入的氯气量，仔细描述冷却了的每小块岩石，记录岩石上小孔的数量。接下来，他们要运用一定的方法来整理这些数据，了解这些数据所代表的意义。

吉姆和弗朗西斯卡在记录数据后做了什么？在相关句子下画线。

实验助理通过电子显微镜查看每个样本。

比较样本

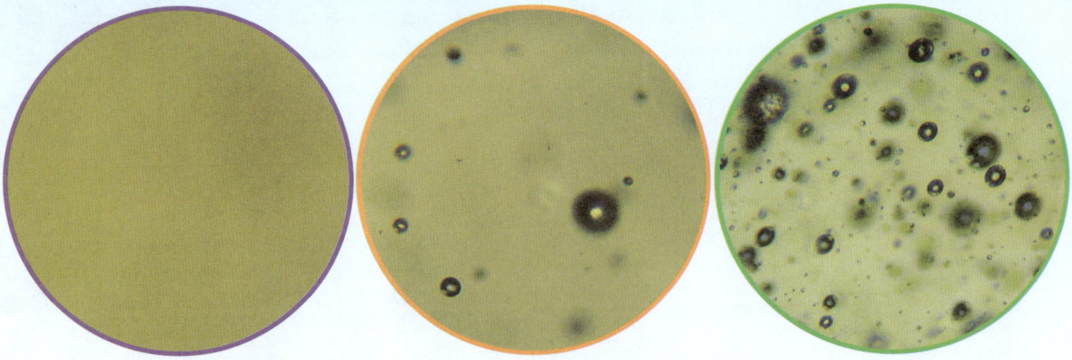

样本1　　样本2　　样本3

数据表				
次数	温度	压力	氯气含量	气泡
1	920℃	200 MPa	0%	无
2	920℃	200 MPa	0.8%	一些
3	920℃	200 MPa	0.9%	很多

寻找规律

上面的表格展示了吉姆和弗朗西斯卡的部分研究结果。他们一共进行了 50 次实验，每次实验需要一周的时间。这就是说，他们用了将近一年的时间收集数据！

吉姆和弗朗西斯卡整理完数据后，便开始寻找其中的规律。这些数据表明了什么？当一个样本中加入了更多的氯气时，冷却后的岩石上就有更多的小孔。而没加入氯气的对照样品，岩石上则没有任何小孔。

检查错误

接下来，吉姆和弗朗西斯卡还要检查他们的实验过程，确认实验是正确进行的。如果发现实验中有任何错误，他们就不能使用这些数据，必须要重做实验。

小测验

4. 为什么科学家要整理他们收集来的数据？

____

____

____

5. 如果吉姆和弗朗西斯卡在实验中发现了错误，他们会怎么做？

____

____

____

科学家怎样得出结论？

现在，吉姆和弗朗西斯卡必须判断数据是否支持他们的假设。他们将实验结果和维苏威火山及其他火山的岩石进行比较，这样就可以得出结论。

如果岩浆中含有较多氯气，喷发会更剧烈吗？“会！”弗朗西斯卡大声说。

很多时候，实验的结果并不总能支持假设。但即便如此，这可能也是一个有用的结果，促使科学家想办法弄清原因。他们可能会运用不同的方法进行新的实验来验证假设。

有时，科学家会得出假设不正确的结论。如果是这样，他们常常会形成新的假设，然后按照科学方法的步骤进行验证。

小测验

6. 如果收集的数据不支持假设，这个研究就失败了吗？

____

____

____

美国阿拉斯加州的奥古斯丁火山。

交流

实验结束后，吉姆和弗朗西斯卡就要公布他们的结论。这样，其他科学家就可以按照他们的方法做相同的实验，并比较结果。事实上，很多科学家都会发表研究的结果，与其他科学家分享他们的成果。

提出新问题

科学家的实验结果可能还会带来新的问题。在本实验中，吉姆可能还想知道氯气是否也会对其他火山的喷发产生影响，还有哪些气体会影响火山喷发的规模，火山喷发时还会发生什么，等等。

现今，吉姆还在研究美国阿拉斯加州的奥古斯丁火山。和维苏威火山一样，奥古斯丁火山也是一座活火山。由于火山喷发，阿拉斯加州的库克海湾变成了一个岛屿。

吉姆和其他科学家一起调查奥古斯丁火山，开始新的观察。

小测验

7. 为什么科学方法对科学家来说很有用？

____

____

____

8. 关于火山，你还能想到其他哪些问题？请选择其中一个，作出一个可以被验证的假设。

____

____

____

9. 如果科学家收集的数据证明他们的假设是错误的，那么接下来他们会怎么做？

____

____

____

聚焦技能

科学家在运用科学方法时，会使用很多项探究技能。这些技能可以帮助你收集信息并回答关于你周围世界的问题。下面介绍所有科学家都使用的一些重要探究技能。

▲ 科学家首先__________一个物品或一件事，了解更多关于它的信息。

观察　利用你的感官来了解一个物品或一件事。

作出假设　给出一段可以被验证的、关于某个问题答案的陈述。

交流　和其他人分享信息。

分类　将事物根据其相似属性分组。

使用数字　排序、计数、加、减、乘、除。

模型　组建某些事物来表现一个物品、系统或过程。

从这两页所列的探究技能中选择适当的词填空。

在开始实验前，科学家就形成了一个__________。▶

纸盒A	
预测	
天数	观察结果
1	
2	
7	
10	

科学家会利用这样的图表来收集信息。这张图表可以帮助科学家________________。▶

使用变量 确认某些可以控制或改变实验结果的因素。

解读数据 利用收集到的信息回答问题、解决问题或比较结果。

测量 找出某物的大小、距离、时间、体积、地点、质量、温度等。

预测 根据事实或观察结果说出一件事或一个实验可能的结果。

推测 根据事实或观察结果形成某种想法或观点。

实验 通过测试来支持假设或证明假设是错误的。

探究技能培养

在这本书中，你会找到“探究活动”。这些活动能帮助你练习科学家每天使用的技能。

在这张照片中，这个女孩正在使用量筒来__________水。▶

安全提示

室内

- 阅读并理解所有的指导说明。当你看见“⚠小心”的时候，一定要遵守操作规范。
- 仔细听老师特别说明的注意事项，如果对某些方面不是很清楚，应及时寻求帮助。

- 在活动前，请用肥皂和水清洗双手。
- 使用电热板时，要特别小心。要注意它的开关状态。记住：在将电热板关闭后的几分钟内，它仍旧是热的。
- 如果需要接触一些脏乱或会溅起的物品，请穿上实验服。

- 如果有液体不小心流了出来或溅了出来，请立刻寻求老师的帮助。
- 请按照要求处理废弃物。
- 如果有物品打碎了，请告诉老师。如果玻璃制品碎了，不要独自处理。

- 当老师要求你佩戴护目镜时，请按要求去做。当你要操作一些可能会飞溅到眼睛里的粉末或液体时，必须戴好护目镜。
- 与明火保持一定的距离，尤其注意保护你的头发和衣服。将长发绑起，将长袖卷起。
- 使用电器时，注意保持双手干燥。
- 实验过程禁止饮食。
- 请按照要求把物品整理好。
- 在活动结束后，将你的实验区域清理干净，并用肥皂和水清洗双手。

室外

- 与值得信任的成年人一起活动，例如你的老师、家长或其他监护人。
- 在没有得到成年人的允许前，不要触摸动物或植物。动物可能会咬伤你，有些植物可能会有毒。

责任 **请注意尊重生命、爱护环境和你的同伴。**

科学、工程和技术

摩托车大奖赛选手的行驶速度可达近 350 千米 / 时。

运动、力和设计过程

大概念 什么使物体运动起来？

词汇预习

速率（speed） 物体在一段特定距离中运动的快慢程度。

力（force） 推力或拉力。

万有引力（gravity） 两个物体间的相互吸引力。

推力（thrust） 使物体向前移动的力。

升力（lift） 使物体保持在空中的力。

设计过程（design process） 找到问题解决方案的一系列步骤。

在你学习这个单元的过程中，完成下列关于运动、力和设计过程的概念图。

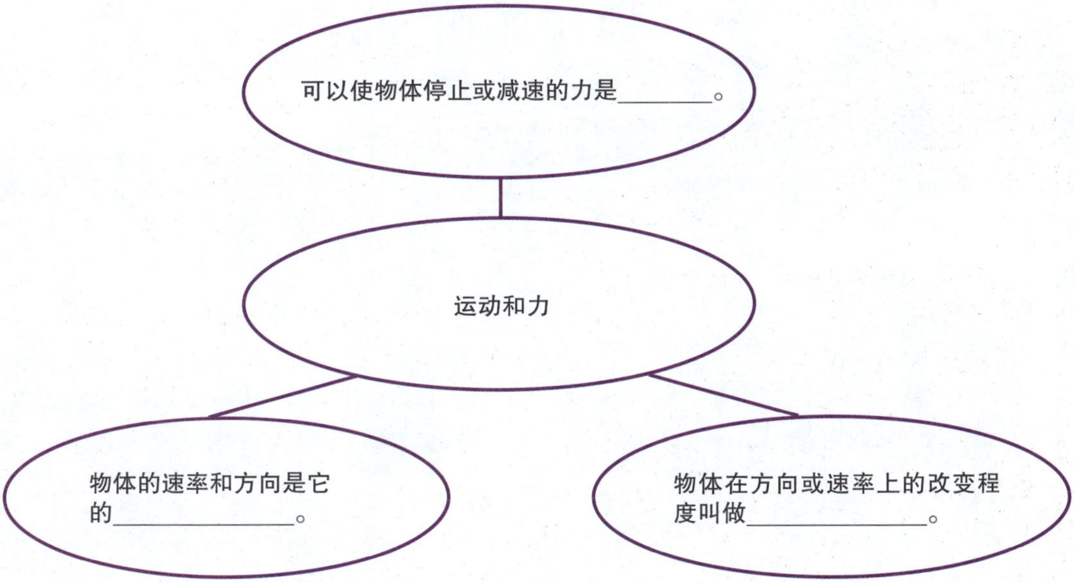

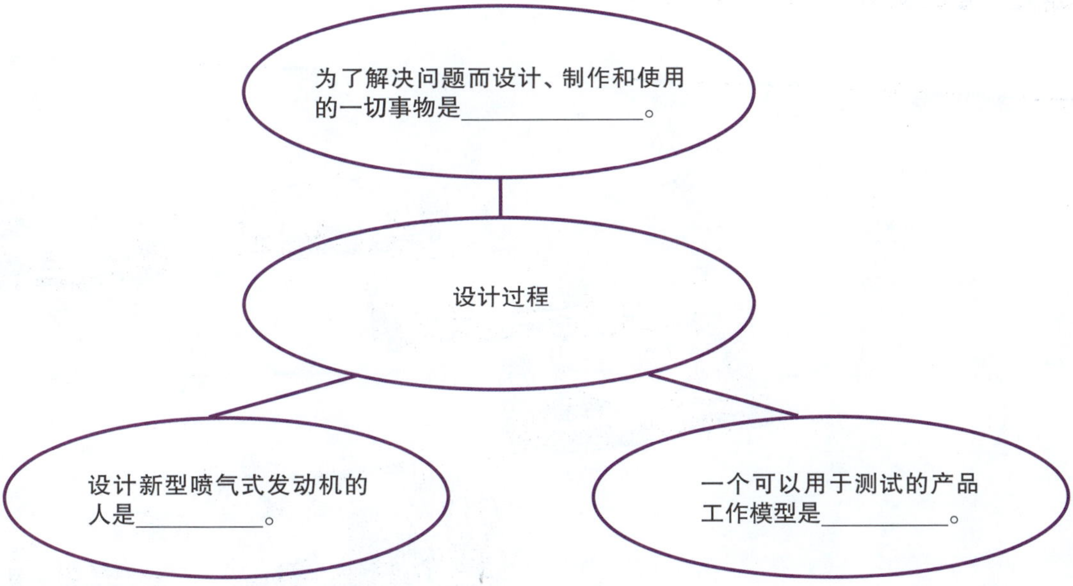

第1课

运动的变化

2010年5月30日，美国印第安纳波利斯举办了第94届500英里（简称“印地500”）赛车大奖赛。

看一看，想一想

你是否看过在赛道上飞驰的赛车？赛车的声音很大而且速度非常快！你该怎样描述车辆的运动有多快？什么会影响车辆的运动速度？

____

____

____

____

基本问题 你会怎样比较运动的物体？

____

____

____

____

探究活动

运动得有多快?

材料

- 4 本书
- 硬纸筒
- 胶带
- 弹珠
- 秒表

作出预测

在这个探究活动中，将一颗弹珠从斜面滚下。斜面的坡度会怎样影响弹珠的运动？写下你的预测。

____

____

验证预测

1. **建立模型** 将三本书叠起来放在桌上，把硬纸筒的一端置于这叠书的上面，另一端紧挨着单独放在桌上的第四本书，用胶带将硬纸筒固定住。
2. 将一颗弹珠从纸筒中滚下。在弹珠开始滚下的同时，按下秒表。当你听到弹珠碰撞书的声音时，记录此时的时间。重复这个步骤 3 次。

	第1次	第2次	第3次	平均时间
三本书				
两本书				
一本书				

3. **使用变量** 将两本书叠起来，重复步骤 2。然后只放一本书再重复一次。算出每次测试的平均时间。平均时间的计算方法是，将所有时间相加，然后除以实验的次数。

参照第89页双标签式 学习指南 ，把你做的粘贴在这里。

得出结论

4 **解读数据** 另取一张纸，在纸上绘制一个柱状图，比较放置三本书、两本书和一本书时的平均时间。哪种情况下弹珠运动得最快？

____

5 你的结果是否符合你的预测？请说明原因。

____

____

6 **推测** 为什么说每个实验重复 3 次很重要？

____

____

进一步探究

如果使用一个更长的硬纸筒，结果会发生变化吗？如果把书叠得更高呢？作出预测，然后试一试，同时另取一张纸记录结果。

开放式探究

想一想，你有什么关于物体运动的问题。然后制订计划，用一个合理的测试来回答你的问题。

我的问题：______________________________

____

我会怎样验证：______________________________

____

我的实验结果：______________________________

____

____

阅读思考

什么是运动?

一个物体处于运动状态时，它的位置在不断变化。想一想在赛道上的一辆赛车，它从开始到结束都保持着领先的优势。在比赛过程中，赛车沿着赛道行驶，它的位置在不断变化。

在本页第二段中，圈出从埃文斯维尔到韦恩堡的距离。

在“印地 500”大奖赛中，赛车手都希望用最短的时间完成 500 英里（约 800 千米）的比赛。500 英里是比赛的距离。**距离（distance）**描述的是两个点或者两个地点相距有多远。例如，从美国印第安纳州的埃文斯维尔到印第安纳州的韦恩堡的距离大约是 400 千米。

参照第89页双标签式 学习指南，把你做的粘贴在这里。

▼ 从埃文斯维尔到韦恩堡的距离大约是“印地 500”大奖赛比赛距离的一半。

小测验

1. 一名赛车手完成了“印地 500”大奖赛，他运动了多少距离？

____

2. 已知印第安纳波利斯赛车场的椭圆形赛道一圈为 2.5 英里（约 4 千米），那么要完成“印地 500”大奖赛，赛车手需要行驶多少圈？

____

马跑得快，但猎豹跑得更快！它们的速率分别是多少？

速率

所有运动的物体都具有速率。速率（speed）描述的是物体运动一段特定距离的快慢程度。要知道一个物体的速率，除了要知道运动的距离，还要知道消耗的时间。运动的距离除以消耗的时间即可得出物体的速率。

假设在 1 小时中，你骑着自行车运动了 20 千米，那么你的速率就是 20 千米 / 时。

速度

人们有时会混淆速度和速率。速率仅描述了物体运动的快慢程度，而速度（velocity）则同时描述了运动的速率和运动的方向。假设自行车手的速率是 50 千米 / 时，自行车手以 50 千米 / 时向西，这就是他的速度。

小测验

3. 估计猎豹、马和大象的速率。

____

____

____

如果这列火车的速率是 300 千米 / 时，那么速度就是 300 千米 / 时向东运动。

什么是力?

物体不会自己动起来，只有将力作用在物体上，物体才开始运动。这个**力（force）**可以是推力也可以是拉力，你只有施加力才能移动物体。当你拉起门把手或者推动货车时，你将力作用在物体上，它便动起来了。

力可大可小。起重机提起卡车的力非常大，而你拿起一片羽毛的力就很小。因此移动质量大的物体，要比移动质量小的物体需要施加更大的力。当然，力也会影响物体的运动速率。你用的力越大，物体运动得就越快。

小测验

4. 摩擦力怎样保证你的安全?

____

____

摩擦力

这位冰球运动员在冰面上快速滑行，然后他开始减速，最后停了下来。这个过程是怎么发生的？这是由于一种力作用在了他身上，这种力叫做摩擦力。**摩擦力（friction）**是一种力，在两个物体相互摩擦时产生的。它反向作用于正在运动的物体，从而使物体减速。

不同的表面会产生不同大小的摩擦力。通常情况下，粗糙的表面，比如砂纸，产生的摩擦力较大；平滑的表面，比如冰面，产生的摩擦力较小。为什么要在自行车的运动部件上涂润滑油？原因就在于润滑油能减小摩擦力，使自行车的各个部件一起平滑地工作。

冰球运动员冰鞋上的金属刀片很尖利，能减小在冰面上的摩擦力。▶

万有引力

你无法看见万有引力，但实际上它就是使过山车沿斜坡向下运动的力。**万有引力(gravity)**是两个物体间的相互吸引力。如果没有万有引力，过山车就会飘在空中！

万有引力将物体吸引到一起。影响万有引力的因素有两个：一个是物体的质量，另一个是物体间的距离。地球的质量很大，与地球表面的物体相互作用产生了万有引力，把这些物体牢牢地吸在地球表面。

你被地球牢牢吸引需要多大的万有引力？其实就是你的重力大小。重力是万有引力的表现之一。科学家常用国际单位牛顿（N）来计量力的大小。

迷你实验

请完成第84页“迷你实验”，学习更多关于力和运动的知识。

小测验

5. 太阳比地球大得多。但是为什么我们感受不到太阳的万有引力？

____

____

读 图

摩擦力最有可能作用在哪个点上？重力呢？

____

____

____

更多读图练习，请翻至第78页。

力的作用

什么是加速度？

当赛车手沿着赛道行驶时，他们的速率不断发生变化。直线行驶时，赛车手加速；转弯时，他们减速。事实上，科学家用加速度来描绘物体的加速和减速运动。**加速度（acceleration）**衡量运动物体在速率或方向上的改变程度。

力的大小会影响物体的加速度，力越大，加速度就越大。除此之外，物体的质量也会影响物体运动的加速度。相同大小的力作用于不同质量的物体时，质量较大的物体加速得较慢。参考下列示意图。

在第二段中，影响物体加速度的因素有哪些？在相关句子下画线。

更多读图练习，请翻至第79页。

读 图

哪幅图中的货车加速得最快？哪幅图中的货车加速得最慢？

____

____

力和加速度

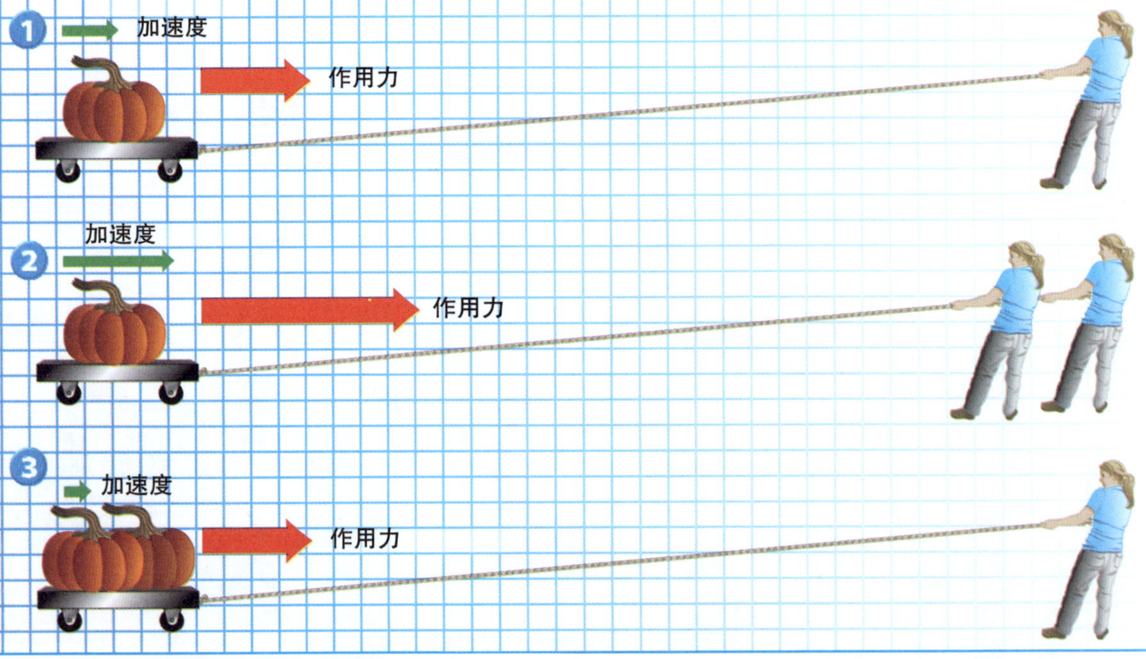

如果所有的运动员用大小相同的力，谁会赢？体重最轻的运动员会赢，因为她加速得最快。

力的合成

第 26 页的示意图展示了一辆货车的加速情况。一个人拉动货车时，货车加速；两个人拉动货车时，货车的加速度是前者的两倍。

第三幅图中发生了什么？与第一幅图相似，一个人在拉动货车，但这次货车的质量变为原来的两倍，因此，货车只加速到第一种情况的一半。

第一段中，两个人拉动货车时发生了什么？在相关句子下画线。然后，圈出第二段中货车的质量是原来的两倍时发生的变化。

小测验

6. 如果拿起一个空的背包和一本课本分别需要 5 牛顿、15 牛顿的力，那么同时拿起这两个物体需要多大的力？

第1课回顾

巩固提高

请用自己的话总结本课所学内容。

速率________________________________

____

____

____

力__________________________________

____

____

____

加速度______________________________

____

____

____

制作 学习指南

制作一本三栏簿式学习指南，并用它总结你学到的关于运动、速率和力的知识。

想一想，说一说，写一写

1 词汇 如果一个物体＿＿＿＿＿＿＿＿，它就运动起来了。

2 总结 写出三个词，描述物体是怎样运动的。这三个词有什么区别？

3 批判性思考 保龄球和足球大小相近，但是为什么扔保龄球更费劲？

4 复习指导 你使用自行车刹车时发生了什么？

A. 你减速了　　B. 你加速了

C. 万有引力增大　　D. 摩擦力减小

基本问题 你会怎样比较运动的物体？

聚焦技能

探究技能：使用数字

万有引力会影响地球或其他地方的物体。科学家可以通过测量物体的运动来了解万有引力是怎样影响物体的加速度的。你**使用数字**来测量、记录或解读数据。在分析数据时，你可能需要进行一些数学计算或图表绘制等。

▶ 学一学

当你**使用数字**时，你会进行排序、计数、加、减、乘、除。这也是科学家需要掌握的重要技能。将数字整理进表格或图表后，就能更方便地使用数字。那样，解读结果就会变得更加容易。

▶ 试一试

一个物体滚下坡的过程中，重力使它加速。**使用数字**能让我们了解重力使物体加速得多快。

材　料　长桌子、尺子、纸胶带、4 本书、空罐头、秒表、坐标纸

1. 用尺子和纸胶带将桌子分成几个部分，每个部分长 25 厘米。
2. 在桌子一侧的两只桌脚下分别垫两本书。
3. 如图所示绘制一个数据表。确保数据表中有足够的行数，对应步骤 1 中的纸胶带数。当然，你设计的数据表的行数也可以和图示的不同。

参照第87页半页式 学习指南 ，把你做的粘贴在这里。

距离	第1次测试	第2次测试
	时间(秒)	时间(秒)
开始	0	0
胶带1		
胶带2		
胶带3		
胶带4		
胶带5		

聚焦技能

4 将空罐头横过来，放置于被抬高的桌面那端。松开这个空罐头，同时用秒表开始计时。当它依次滚过每条胶带时，记录时间，并将时间填写在数据表中的“第 1 次测试”列。请你的同伴在空罐头要滚出桌面前抓住它！

5 重复步骤 4。在“第 2 次测试”列中记录时间。

▶ 做一做

现在，**使用数字**在坐标纸上绘制折线图。

1 在下列图表底部的横轴旁标上“时间（秒）”。

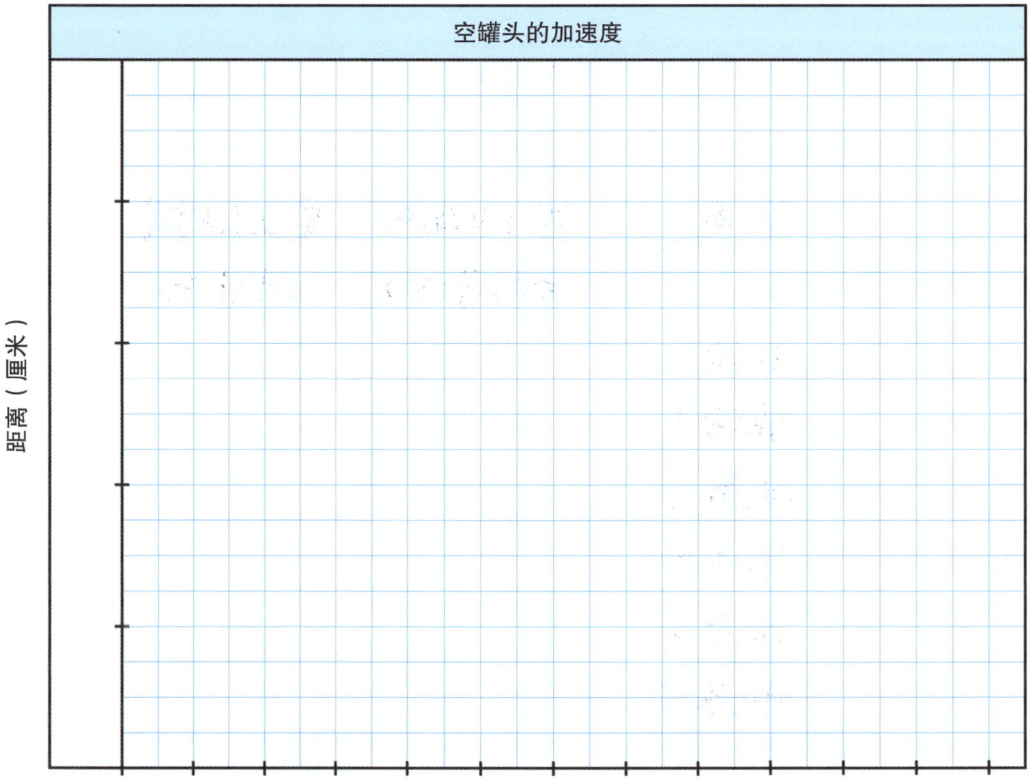

2 以 25 厘米为单位（0，25，50，以此类推），在左侧纵轴上划分出相等的距离，直到标注出桌面上最后一根胶带的位置。以秒为单位划分横轴。

3 使用“第 1 次测试”的数据，以（25，1）的形式写下坐标，并用同样的方法写出其他坐标。每个坐标对应于图表中的一个点。注意，绘制那些带小数的坐标时要进行估算。将各个点连起来。运用相同的方法处理“第 2 次测试”的数据，用不同颜色的笔画点和线。

4 你能从每个坐标中发现什么？空罐头运动最慢的位置是哪里？最快的呢？空罐头加速了吗？你是怎么知道的？

____

____

____

____

5 在桌脚下多垫一本书，这对空罐头的加速度有何影响？如果移去一本书呢？你会怎么测试？

____

____

____

____

第2课

力和交通工具

看一看，想一想

这条驳船沿着俄亥俄河航行。什么力使船运动起来？什么力使船减速？

____

____

____

____

基本问题 我们怎样移动人和物体？

____

____

____

____

探究活动

怎样使气球运动得更快?

活动目的

探究力是怎样影响运动的。

活动步骤

1. 取一段10米长的细绳，将它从一根吸管中穿过。用胶带分别把细绳的两端粘在两把椅子上。给一个气球充满气，用长尾夹夹住口子，防止空气漏出。用皮尺量出气球的周长，用胶带将气球粘在吸管上。在下列横线上记录气球的周长和形状。

测试 1________________________

参照第87页半页式 学习指南 ，把你做的粘贴在这里。

2. **实验** 将气球移到细绳的一端。请你的同伴拿好秒表。当你释放气球时，他必须同时开始计时。当气球到达细绳的另一端时，他必须停止计时。

3. 像步骤3一样，绘制一个数据表，将时间记录在数据表中。

4. **使用变量** 再取两个气球重复步骤1和步骤2。注意，这次使用的两个气球应该是不同大小或形状的。

测试 2________________________

测试 3________________________

材　料

- 细绳
- 塑料吸管
- 胶带
- 2把椅子

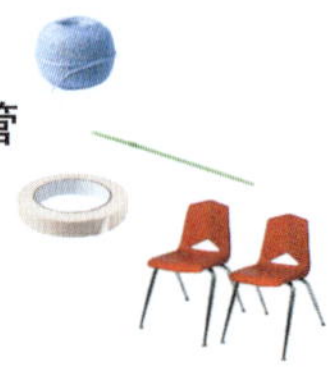

- 3个不同大小、形状的气球

- 长尾夹
- 皮尺
- 秒表

步骤 2

步骤 3

结果（时间）
测试 1
测试 2
测试 3

得出结论

5 **解读数据** 你认为气球的形状或大小是怎样影响它们的运动快慢的？解释一下。

____

____

6 **使用数字** 计算每个气球的速率。写下你的计算步骤。

______________________________	
______________________________	
______________________________	

实验 不同类型的细线或金属线会怎样影响气球的速率？你将怎样探究？制订一个方案并尝试一下。

____

____

开放式探究

你来设计一个实验，探究气球运动。

我的问题：______________________________

____

我会怎样验证：______________________________

____

我的实验结果：______________________________

____

阅读思考

火箭是怎样升入太空的?

要将火箭发射至太空需要很大的力。火箭升空利用一种特殊的力，叫做推力。**推力（thrust）**是一种使物体向前移动的力。火箭引擎提供推动火箭的推力。

要使火箭飞入太空，推力必须大于重力。但是，除重力外，还有其他阻碍火箭运动的力，这种力叫做**阻力（drag）**。物体在液体或气体中运动时，都存在阻碍其运动的阻力。和推力一样，阻力也是一种力。

在本页第一段中，圈出使火箭升空的力。第二段中，使火箭减速的两个力分别是什么？在相关词语下画线。

迷你实验

请完成第85页“迷你实验”，学习更多关于重力的知识。

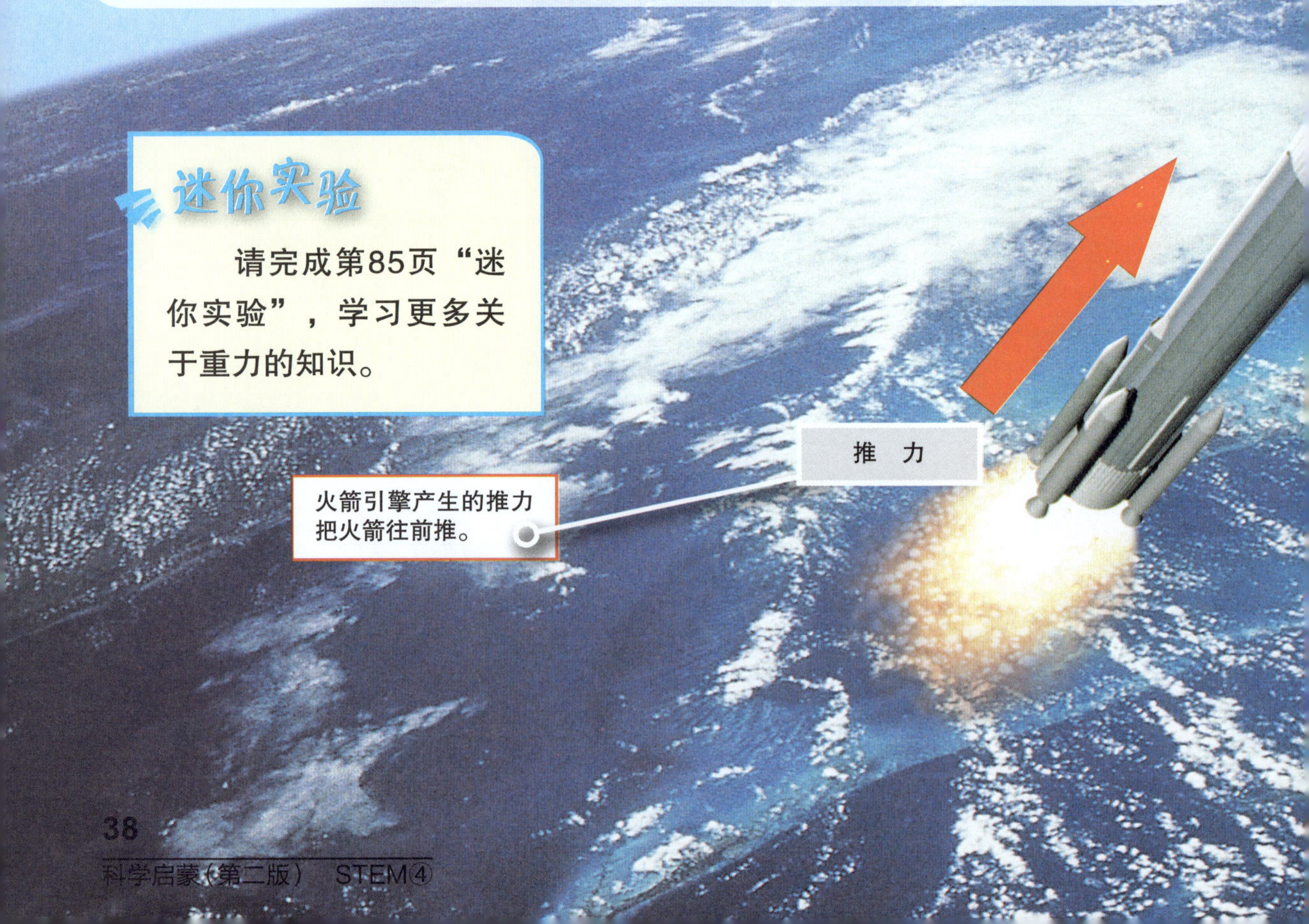

火箭引擎产生的推力把火箭往前推。

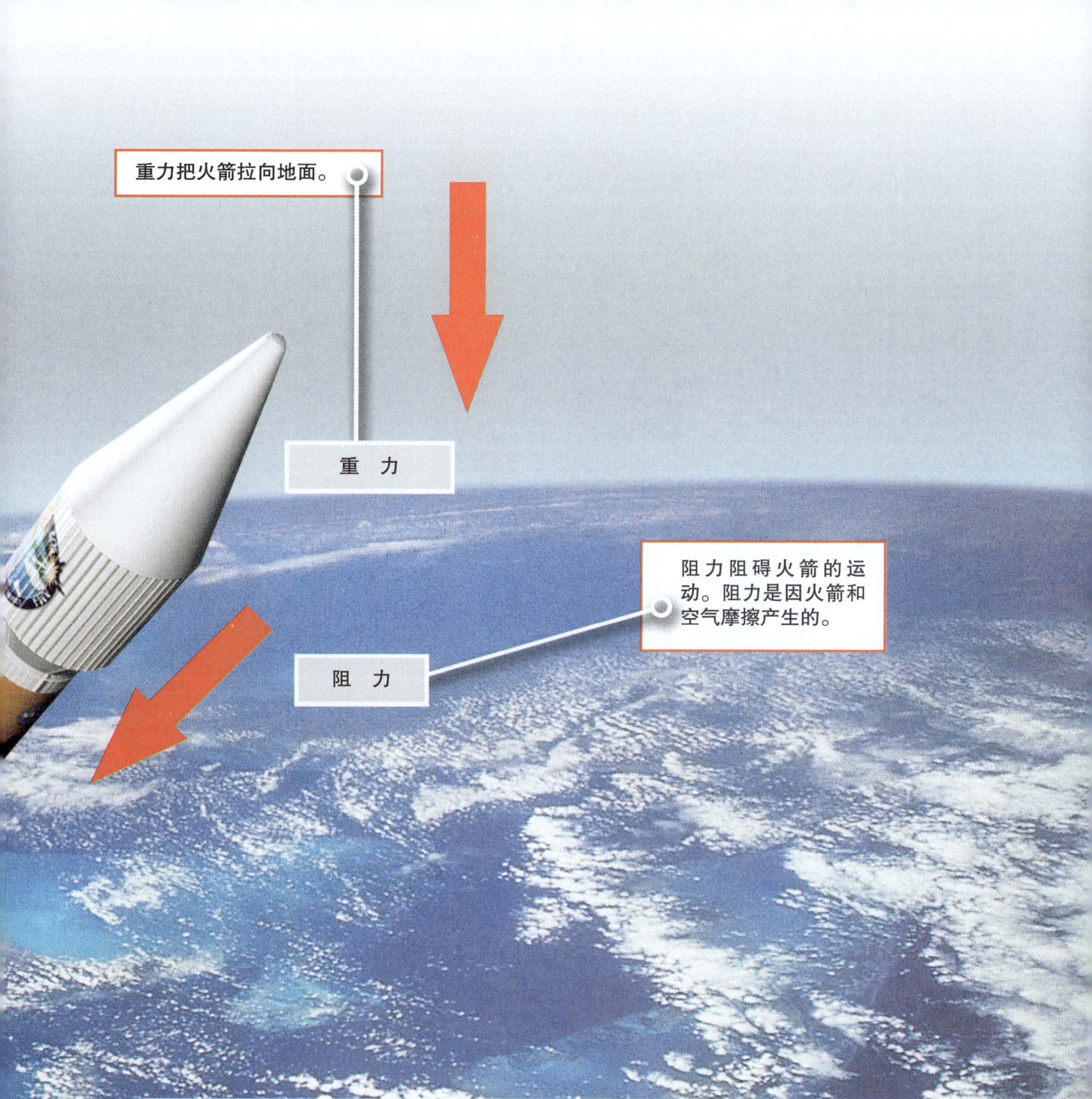

小测验

1. 太空中没有空气，而且几乎没有重力。这会怎样影响火箭的运动？

____

____

飞机是怎样飞起来的?

借助引擎的推动，飞机会向前运动。和火箭利用推力克服重力不同，飞机利用一种叫做升力的力飞行。**升力（lift）**是一种使物体保持在空中的力。升力可以对抗重力，使飞机升空，并防止其坠落。

一架飞机具有升力需要满足两个条件。其一，飞机必须在空气中向前运动。也就是说，飞机必须具有推力。其二，流动的空气必须推动机翼的下表面。机翼的形状能帮助产生升力。

什么力会使飞机飞行变慢？重力会减小飞机的起飞速度。除此之外，阻力也会减小飞机的飞行速度。如果飞机的表面既宽又平，那么，与空气的接触面就会很大，这样就会和空气对冲，减小飞机的运动速度。

小测验

2. 利用下面的图表，将飞机和第 38—39 页的火箭进行比较。

火箭（不同点）　　两者共有（相同点）　　飞机（不同点）

摩擦力怎样使物体运动起来或停下来？

当你停止踩自行车的踏板时，会发生什么情况？你会先滑行一段距离，然后停下来。那么，是什么使你停了下来？是摩擦力。你在第 1 课已经学习了摩擦力是一种阻碍物体运动的力。当两个物体互相接触时，摩擦力就产生了。就自行车来说，这些物体可以是车轮、辐条、轮胎等零部件，也可以是地面。

在本页第一段中，圈出使自行车停下来的力的名称。

虽然摩擦力阻碍物体运动，但物体的运动少不了它。如果没有摩擦力，火车就不会运动了。车轮在铁轨上旋转时，正是车轮和铁轨之间产生的摩擦才使火车运动。这种类型的摩擦力叫做牵引力。

小测验

3. 利用下面的图表，梳理摩擦力和运动的主要概念和相关知识。

摩擦力既可以使火车停止，也可以使火车运动。

轮船是怎样浮起来的？

有些轮船非常大，就像是一座漂浮的城市，比如航空母舰能在甲板上提供飞机起飞或降落的区域。这么大的船之所以能浮在水面上，是因为有一个向上推的力作用于船上，这个力叫做**浮力**（buoyancy）。浮力是液体或气体对物体产生的一种向上的力。

重力对抗浮力。如果物体受到的重力大于浮力，物体就会下沉。如果受到的浮力等于或大于重力，物体就会上浮。

用箭头表示轮船受到的重力。

浮　力

更多读图练习，请翻至第80页。

水的浮力作用使轮船漂浮在水面上。

钢铁制造的轮船在装上货物前有很大的空间。装上货物后，空间减少，轮船的质量增加，吃水变深。如果装上过多的货物，轮船受到的重力大于浮力，轮船就会下沉。

读　图

比较轮船的浮力和飞机的升力。

____

____

怎样控制飞机、轮船、汽车的运动？

使交通工具运动的力同样也可以改变它们的速率和方向。为了增大飞机的升力，飞行员可以增大推力。当然，飞行员也可以调整机翼上的襟翼使飞机上升。减小飞机升力会导致飞行高度降低。

轮船的螺旋桨提供使其向前运动的推力。再借助一个叫做舵的部件，人们便能控制轮船的运动方向。假设向右转动舵，舵可使螺旋桨产生向右的推力，从而使船尾向左、船头向右运动。

用箭头表示轮船、汽车受到的推力和阻力。

当汽车驾驶员往左打方向盘时，车轮向左转，和地面间的牵引力就使汽车向左运动。对于所有的交通工具来说，力不仅能使它们运动起来，还能控制它们运动的方向。

小测验

4. 写出一个作用在轮船上但不作用在汽车上的力。

____

____

第2课回顾

巩固提高

请用自己的话总结本课所学的内容。

火箭和力________________________________

____

____

____

____

飞机和力________________________________

____

____

____

____

轮船和力________________________________

____

____

____

____

制作 学习指南

制作一本叠层簿式学习指南，并用它总结你学到的关于交通工具和力的知识。

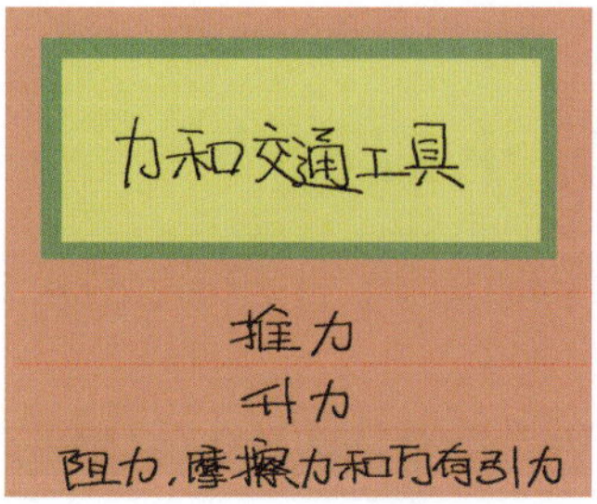

第2课回顾

想一想，说一说，写一写

1 词汇 什么力控制火车停止或启动？

____

2 比较 利用下面的图表，比较摩擦力和阻力。

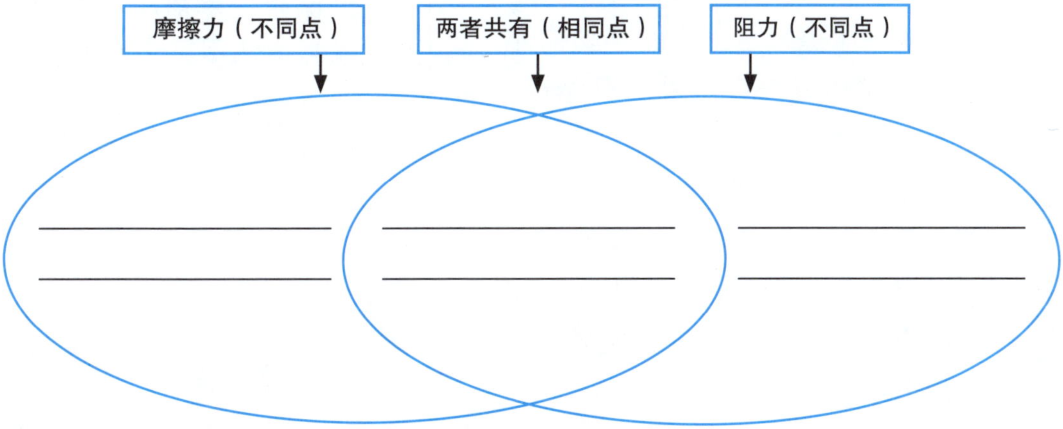

3 批判性思考 写出火车上两个受到摩擦力的地方。

____

____

4 复习指导 什么减慢了飞机的运动？

A. 推力　　B. 阻力

C. 浮力　　D. 升力

基本问题

我们怎样移动人和物体？

____

____

____

____

____

运动中的车轮

人类使用轮子来移动物体已有上千年的历史。你可能认为轮子是通过减少摩擦来帮助我们移动物体的。但你知道吗？如果没有摩擦，轮子是运动不起来的。

你骑自行车时，就使用了轮子。自行车的脚踏板和后轮连在一起。当你踩踏板时，车轮转动。如果没有摩擦，虽然车轮会旋转，但自行车不会向前运动。

说明文写作

什么是好的说明文写作

- 描述怎样完成一个任务或怎样使用某个产品；
- 提供清晰、易于执行的指示。

写一写

说明文写作

研究自行车的刹车是怎样工作的。写一段说明，解释摩擦力是怎么让自行车停下来的。

产生想法

首先，了解自行车的刹车是怎样工作的。然后，填写下列图表，按流程写下步骤。

第一步
↓
第二步
↓
第三步

草稿

开始说明。写一个主题句，明确你要说明的是什么。

____

____

____

参照第87页半页式 学习指南，把你做的粘贴在这里。

现在写下你的说明。另取一张纸，用你上面写的那句话开头，用浅显易懂的语言说明自行车的刹车是怎样工作的。

现在修改、校对你的文章。问问自己：

- 我描述了自行车的刹车是怎样工作的吗？
- 我提供了清晰、浅显易懂的描述吗？
- 我纠正了所有的错误吗？

作图表示火箭的加速度

“3，2，1，发射！”火箭引擎点火后，火箭起飞并很快远离地面。火箭在加速时，它的速率是怎样变化的？一种表示火箭加速度的方法是利用表格中的数据绘制图表。

绘制折线图

- 在图表底部的横轴旁标上“时间（秒）”。
- 在图表左侧的纵轴旁标上“距离（米）”。
- 在图表上标出坐标，并将点连起来。

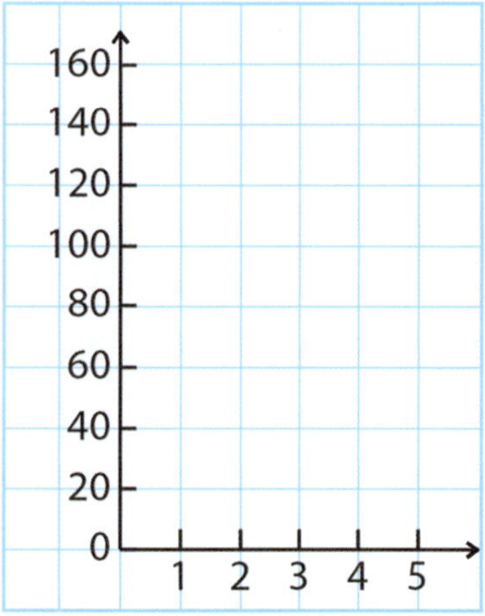

时间（秒）	距离（米）
0	0
1	20
2	40
3	60
4	100
5	160

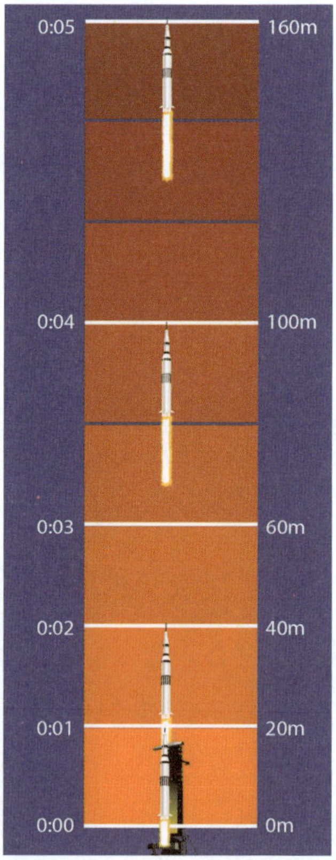

解决问题

1. 火箭的速率发生变化了吗？方向呢？请说明理由。

____

2. 什么时候火箭开始加速？你是怎么知道的？

____

____

再试一次

使用尺子和纸胶带，将地面分成几个部分，每个部分长 25 厘米。用力推动玩具车，使它具有足够快的速度越过所有纸胶带。用秒表记录玩具车经过每条纸胶带的时间，并将数据记录在表格中。然后根据这些数据绘制图表。绘制图表时，加上标题，并标注图表的横纵轴。

时间（秒）	距离（厘米）
	25
	50
	75
	100
	125

根据图表回答下列问题。

1. 玩具车加速了吗？你是怎样知道的？

2. 如果玩具车从一个斜坡上滑下来，它会加速吗？为什么？

第3课

技术与设计

太阳能赛车

看一看，想一想

这些汽车看起来很奇怪，它们安装了太阳能发动机，而不是常见的汽油发动机。你觉得为什么要制造它们呢？

基本问题　产品是怎样设计出来的？

探究活动

怎样制作一辆气球动力小车？

活动目的

设计并测试一辆气球动力小车。

活动步骤

1. 和班上的几个同学一起小组合作，制作并测试一辆气球动力小车。
2. 获取用于制作小车的材料。在硬纸板上剪出小车的各个部件，其中长方形可作为车身。用圆规绘制小车的轮胎和轮毂盖。

   ⚠小心！剪刀和圆规都很锋利。
3. **制作模型** 根据本页中的图片（步骤 3）将小车组装起来。首先，将气球粘在可弯曲吸管较短的一端；接着，将吸管粘在长方形硬纸板上；然后，将轮胎和轮毂盖固定；最后，用图钉穿过轮毂盖和轮胎钉入长方形。

   ⚠小心！要谨慎使用锋利的材料。
4. **测量** 给气球充气，然后用手指捏住充气口。将小车放在起点线，放开气球，测量小车行驶的距离（用厘米表示），并记录下来。然后，重复测试。计算出小车行驶的平均距离。（提示：计算平均距离时，将小车两次行驶的距离相加后除以 2。）

   距离（第 1 次测试）：____________________

   距离（第 2 次测试）：____________________

   平均距离：__________________________

材 料

- 硬纸板
- 圆规
- 剪刀
- 吸管
- 胶带
- 气球
- 皮尺
- 大头针

步骤 2

步骤 3

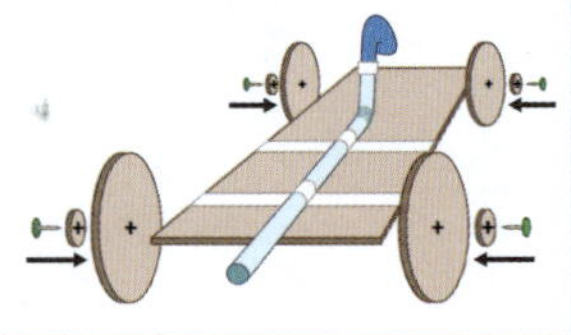

得出结论

5 **分析数据** 怎样改进你设计的小车？和你的组员一起头脑风暴，将你们的想法写下来。

____

____

____

____

____

____

参照第87页半页式 学习指南 ，把你做的粘贴在这里。

进一步探究

实验 选择一个新的设计。另取一张纸将你的设计画下来，并进行制作。设计一个公平的测试来比较两种设计。将你的结果写下来。

开放式探究

你能设计一辆使用其他动力的车吗？比如利用橡皮筋来让车动起来。

我的问题：______________________________

____

我会怎样验证：______________________________

____

我的实验结果：______________________________

____

____

什么是技术?

当人们遇到问题需要解决时，往往会使用技术。**技术（technology）**是为了解决问题而设计、制作和使用的一切事物的统称。技术可以很简单，比如铅笔或螺丝刀；也可以很复杂，比如太阳能电池。太阳能电池将太阳能转化为电能，可以为计算器，甚至汽车或飞机供电。

▲ 太阳能电池

小测验

1. 写出一些因为新技术而改进的事物。

这个团队设计了一辆太阳能赛车。他们的赛车参加了 1995 年印第安纳波利斯赛车大赛。

参照第87页半页式 学习指南，把你做的粘贴在这里。

太阳能飞机

为什么要发明技术

大部分技术是为了满足某种需求而被发明出来的。需求就是一种需要或渴望。例如，人们最基本的需求是食物和住所。想想你遇到问题的时候，是不是需要一个解决方案。

如果你针对自己的问题设计了一个解决方案，你就做了工程师的工作。**工程师（engineer）**是设计新技术，改进原有技术的科学家。

小测验

2. 我们可以怎样利用技术来制造一种新型汽车？请举一个例子。

____

____

飞机可以飞多快？

想象一下，未来有可能会出现的场景：一架飞机在太空中飞行。从 1996 年到 2004 年，工程师一直在建造和测试 X-43A 火箭飞机。这些工程师发明的新技术未来可能会在航天飞机的设计中用到。

在本页第一段中圈出火箭飞机的名称。

速度的需求

本页中展示了 X-43A 的设计和测试过程。首先，工程师们经过头脑风暴，形成了几种新型飞机的设计方案。他们选出最佳设计方案，制作了模型。然后，他们制作了一个原型。**原型（prototype）**就是一个可以用于测试的产品模型。X-43A 原型一共测试了三次。第三次测试时，它打破了所有飞机的速度记录。

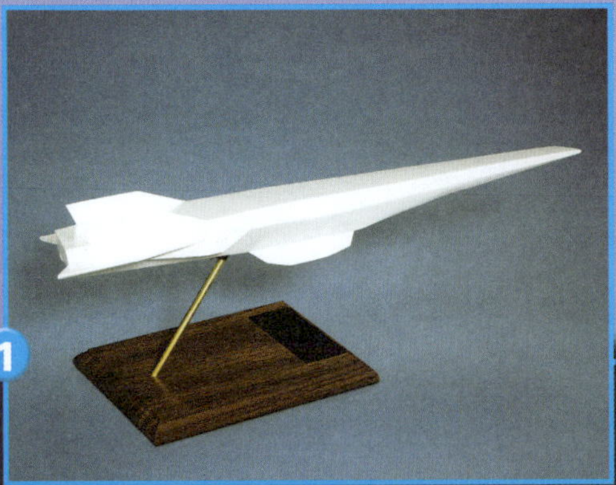

1 X-43A 的模型

2 制造原型

比高速飞行的子弹还快

2004 年 11 月 16 日，X–43A 的飞行速度达到了 11000 千米 / 小时。这几乎是声速的 10 倍！它怎么能飞得这么快呢？

解决问题

开发 X–43A 的工程师研究了之前的飞机和火箭。他们知道火箭引擎需要大量氧气来保证火箭燃料的燃烧。这就是发射火箭时，火箭都自带氧气罐的原因。X–43A 的燃料燃烧时，消耗的是空气中的氧气，这就使 X–43A 比一般火箭更轻、更安全。

迷你实验

完成第86页“迷你实验”，设计你自己的飞机模型。

X–43A 在助推火箭的帮助下加速。

3

测试原型

小测验

3. 制造 X–43A 火箭飞机使用了什么新技术？

____

____

____

____

什么是设计过程?

设计和制造 X-43A 是设计过程的实际应用。**设计过程（design process）**是找到问题解决方案的一系列步骤。

设计过程始于明确一个问题或一个挑战。例如，挑战设计一种更轻的飞机。下图展示了一种制造轻型飞机的方法。

1980 年，飞行中的“游丝企鹅号”

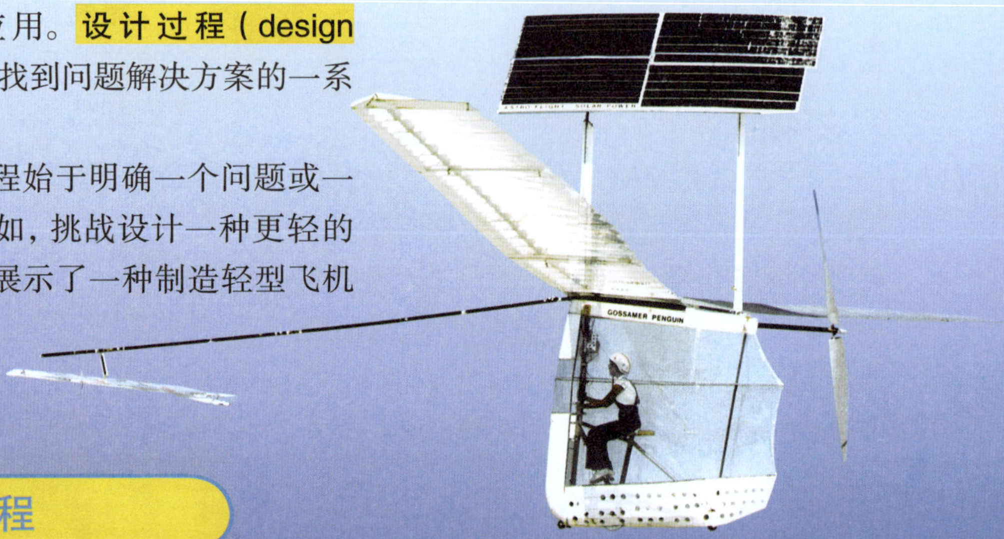

设计过程

更多读图练习，请翻至第81页。

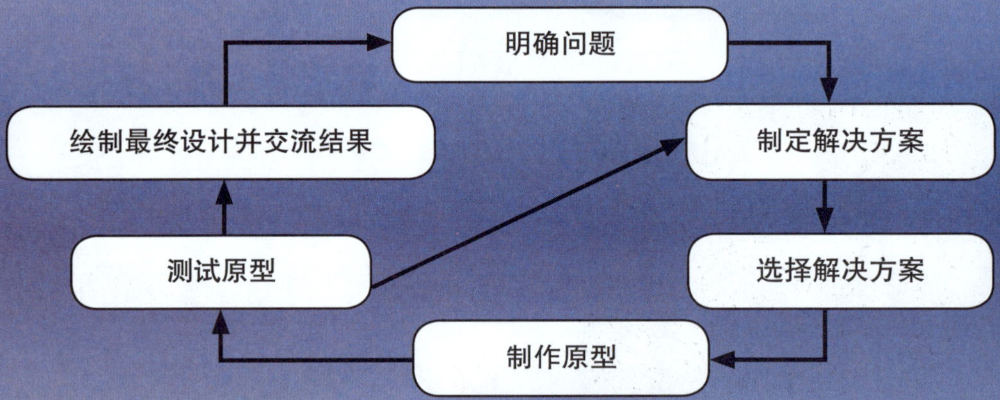

读　图

如果原型在第一次测试中失败了，会发生什么？

____

____

游丝信天翁号

1979 年，一架叫作"游丝信天翁号"的飞机飞越了英吉利海峡，它完成了 36 千米的飞行。对于大部分飞机来说，这是一段非常短的距离。但是，"游丝信天翁号"是一架不寻常的飞机。它靠一个人不停地踩脚踏板来提供动力。这架飞机的改进版叫"游丝企鹅号"，它配有太阳能引擎和一名踩脚踏板的飞行员。

小测验

4. 将设计过程的步骤和设计新型飞机所需的步骤对应起来。

1. 明确问题	• 用一个踩脚踏板的人代替引擎。
2. 制定解决方案	• 使用新引擎。用一个踩脚踏板的人代替引擎。使用太阳能电池板。
3. 选择解决方案	• 游丝企鹅号。
4. 制作原型	• 飞机需要变得更轻。
5. 测试原型	• 游丝信天翁号。
6. 绘制最终设计	• 游丝信天翁号飞越英吉利海峡。

第3课回顾

巩固提高

请用自己的话总结本课所学内容。

技术________________________________

____

____

____

____

工程师________________________________

____

____

____

____

设计过程________________________________

____

____

____

____

制作 学习指南

制作一本叠层簿式学习指南，并用它总结你学到的关于技术和设计的知识。

想一想，说一说，写一写

1 **词汇** 什么是设计过程？

2 **顺序** 设计过程的步骤是怎样的？

____

↓

____

↓

____

3 **批判性思考** 设计过程会结束吗？请说明原因。

____

____

4 **测试准备** 以下哪个职业属于工程师？

A. 医生　　B. 动物园管理员

C. 火箭科学家　　D. 园丁

基本问题 产品是怎样设计出来的？

____

____

____

____

____

聚焦技能

科学和技术：设计过程

科学家和工程师很少能在初次尝试时就设计出完美的技术解决方案。他们有时会比较不同的设计，利用**设计过程（design process）**来改进已有的设计。其实你也常常在使用**设计过程**。当你在对问题的不同解决方案进行实验时，就是在使用**设计过程**。

▶ 学一学

在这个探究活动中，你将设计一个可以承载尽可能多货物的小船。货物用回形针代替。你可以测试两种不同的设计，然后利用**设计过程**改进和交流你的设计。

▶ 试一试

设计一个铝箔制的小船，然后利用**设计过程**改进你的设计。

材 料 铝箔、盛水的容器

1. 将两张相同的方形铝箔折成两只不同形状的小船。两只小船都必须能承载“货物”（回形针）。将两只小船放在盛水的容器中测试，保证两只小船都能浮在水面上。请在下表中，用文字描述你设计的小船。
2. 把回形针放入你设计的第一只小船中。当小船逐渐下沉至将要沉没时，在表中的“结果”列记录回形针的数量。重复这个步骤测试第 2 只小船。

	示意图	描述	结果
设计方案 1			
设计方案 2			

聚焦技能

参照第87页半页式 学习指南 ，把你做的粘贴在这里。

3 哪种形状的小船能装更多的回形针？请描述其形状。使用这种小船运送货物的优点是什么？缺点是什么？

____

____

____

____

____

4 你可以使用任何材料，设计一种能装载一袋弹珠的新型小船。另取一张纸，画下你设计的小船，写下详细的描述，比如需要使用的材料以及小船的尺寸。

▶ 做一做

描述你是怎样利用设计过程的。

1. 你在设计小船时是否考虑过速度？请加以说明。

2. 你会怎么改进小船来提高它的速度？你会怎么测试改进后的设计？

3. 小船的形状会怎样影响它的用途？

4. 比较两种不同的汽车设计，两者分别有什么优缺点？

STEM回顾

看图总结

请用自己的话总结每课所学内容。

第 1 课________________________________

____

____

____

____

第 2 课________________________________

____

____

____

____

第 3 课________________________________

____

____

____

____

制作 学习指南

如图所示，将你制作的学习指南粘在一张大纸上。利用你的学习指南来复习你学到的知识。

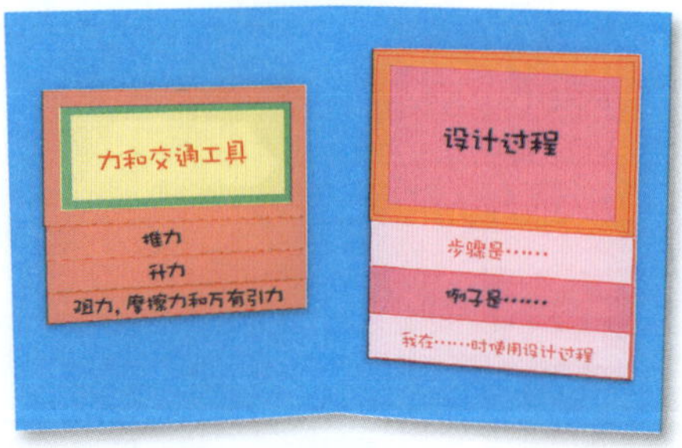

词　汇

DOK 1

选择最佳词汇填空。

加速	力	技术	设计过程	万有引力
推力	阻力	升力	工程师	速率

1. 在液体或气体中运动时，减慢交通工具速度的力叫做____________。
2. 推动火箭向前运动的力叫做________________。
3. 物体在某段时间内移动的距离是它的________________。
4. 设计新型车辆的科学家是一名________________。
5. 使飞机上升的力叫________________。
6. 为了找出一个问题的解决方案，你会运用________________。
7. 推力或拉力都是一种________________。
8. 一个问题的解决方案是________________。
9. 将物体往地球拉的力是________________。
10. 当一个物体的速率或方向改变时，它会________________。

---

*DOK（depth of knowledge）：知识深度等级。

STEM回顾

科学技能和科学概念

DOK 2–3

11. **推断** 为什么工程师有时会不止一次地测试原型？

12. **比较** 阻力和摩擦力有哪些相同点？有哪些不同点？

13. **批判性思考** 太阳非常大，但为什么我们感觉不到太阳的万有引力？

14. **实验** 万有引力影响物体的方式是一样的吗？描述一个你能做的实验来进行探究。

15. **总结** 摩擦力是怎么既让火车启动，又让火车停止的？

16. **中心思想和详细叙述** 工程师研发新技术的过程是什么？请举一个例子。

17. **得出结论** 月球还是地球上的万有引力更大？为什么？

18. **判断对错** *阻力使火箭加速*。这句话是正确的还是错误的？为什么？

19. **判断对错** *速率是一个运动物体的速度和力*。这句话是正确的还是错误的？为什么？

大概念

20. 什么使物体运动？

测 试

圈出每题的正确答案。

1. 右图展示了一架飞向空中的飞机。哪两个力减慢了飞机的运动？

A. 推力和升力

B. 推力和阻力

C. 阻力和升力

D. 阻力和万有引力

DOK 1

2. 一个小队的工程师为某个问题选择了一个解决方案。该小队下一步要做什么？

A. 交流设计　　B. 明确问题

C. 制作和测试原型　　D. 讨论解决方案

DOK 1

3. 小林已经知道了小车行驶的距离。要计算小车的速率，她还需要知道什么？

A. 小车行驶的时间　　B. 小车的速度

C. 小车的加速度　　D. 小车的质量

DOK 2

4. 以下哪项最有可能使火车停止运动？

A. 推力　　B. 热　　C. 摩擦力　　D. 电

DOK 1

5. 如图所示，学生正在玩拔河游戏。如果每个学生用相同大小的力拉动绳子，旗子会向哪个点移动？

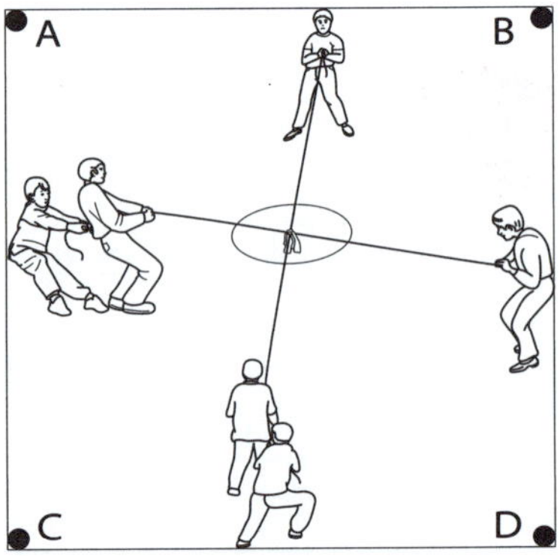

A. A 点　　B. B 点

C. C 点　　D. D 点

DOK 2

回答下列问题。

6. 肖恩和马特有两辆不同的自行车，他们想知道哪一辆骑起来更快。他们可以通过怎样的测试来得出结论呢？

DOK 3

____

____

7. 描述你会怎样使用设计过程来设计一辆能骑得更快的自行车。

DOK 3

____

____

8. 下图显示了猎豹、马和自行车的速率。哪个最快？

DOK 1

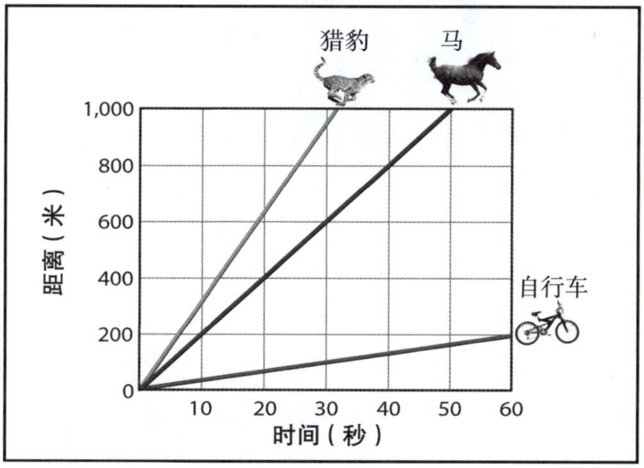

____

____

猎豹跑了 1000 米时，马跑了多远？自行车行驶了多远？

DOK 2

____

____

▲ 宇航员凯瑟琳·桑顿在水下训练。

宇航员

你会好奇在太空中遨游是什么样的感觉吗？如果是，你可以在未来选择做一名宇航员。一些宇航员负责飞行，其他一些宇航员则会在太空中开展研究。

宇航员通常拥有数学或工程学的学位。所以，为了成为一名宇航员，你需要在学校学习数学和科学。除此之外，为了更好地在太空中完成工作，宇航员必须拥有强大的体能。为此，在地面的训练中，他们必须身穿宇航服在泳池里游一个半来回。因此，他们的体型也非常棒。

写一写

如果你是一名宇航员，你会在太空中做什么呢？你想驾驶航天器，在空间站中工作或是探索行星表面吗？把你可能的发现写下来。

____

____

____

____

读图技能训练

读图练习

什么是力？

这张图展示了过山车运动过程中所处的不同位置。研究下图，说明处于每个位置时过山车受到的不同力的作用。

力的作用

根据图片回答下列问题。

1. 推动过山车到达最高点的能量来源是什么？

____

2. 什么力使过山车从最高点滑了下来？什么力使过山车停了下来？

____

3. 如果没有刹车，车还会有摩擦力吗？

____

____

什么是加速度?

观察下图,研究南瓜的数量以及拉动它的人数。图中绿色箭头代表加速度,红色箭头代表力的大小。

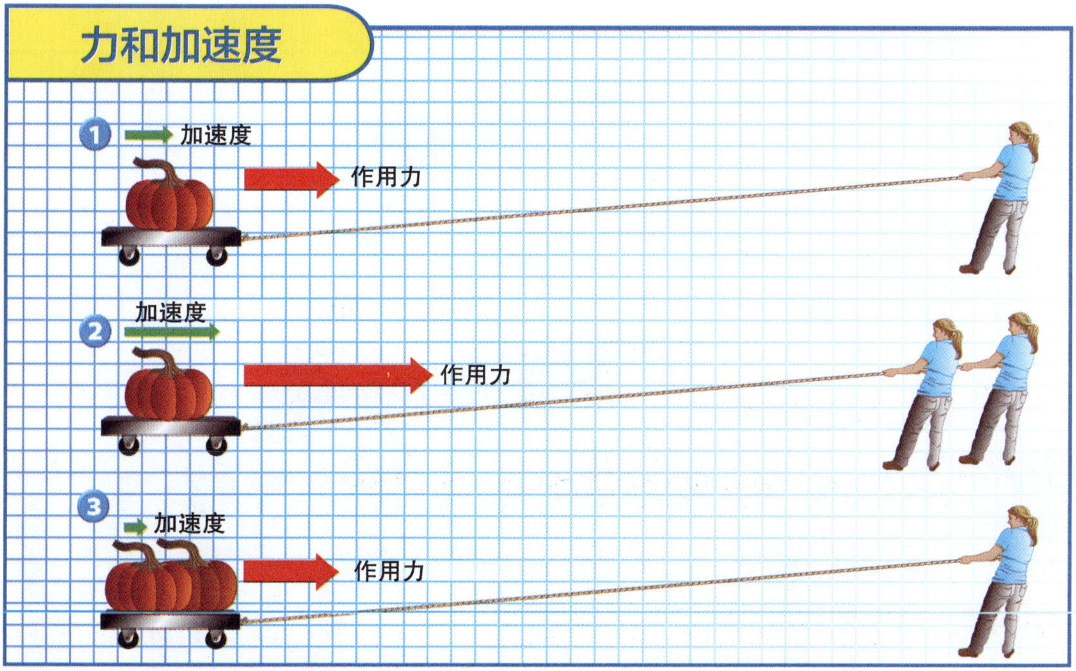

根据图片回答下列问题。

1. 在第一幅和最后一幅图中,质量、拉力和加速度各有什么不同?

____

____

2. 在第二幅图中,质量、拉力和加速度是怎么表达的?

____

____

____

读图练习

轮船是怎样浮起来的？

这张图片展示了一艘浮在水面上的钢船，作用在轮船上的浮力能防止船下沉。

力的作用

根据图片回答下列问题。

1. 与浮力作用相反的力是什么？

____

2. 轮船尾部的螺旋桨推动轮船向前行驶。螺旋桨提供了什么力？

____

3. 什么力作用在轮船上阻碍其运动？

____

4. 在照片中用箭头画出并标示作用在轮船上的阻力、重力和推力。

什么是设计过程?

下图是游丝企鹅号飞机，观察这架飞机是怎样飞行的。

设计过程

根据图片回答下列问题。

1. 建造这架飞机是为了解决某个问题。像这架飞机一样的工作模型叫什么?

   ____

2. 你觉得设计这架飞机是为了解决什么问题?

   ____

3. 螺旋桨位于飞机的后部，它是推动飞机还是拉动飞机? 它产生了什么力?

   ____

迷你实验记录单

迷你实验

摩擦力和运动

1. 将一根细绳穿过一本书后系上，并放在平滑的表面上。将细绳与弹簧秤相连。最后将第二本书叠在第一本书上。
2. **测量** 小心拉动弹簧秤，测量书将要移动时施加的拉力大小。记录结果。
3. 拉动弹簧秤，沿着平滑表面快速拉动书本。测量并记录此时力的大小。
4. **推测** 根据步骤3得到的结果回答：静止的物体是否比滑动的物体受到更大的摩擦力？

____

____

观察重力

1 **预测** 所有物体受到的重力是否相同?两个体积相同、质量不同的塑料瓶受到的重力相同吗?

2 一只手拿一个空塑料瓶,另一只手拿一个完全相同但装满水的塑料瓶。拿住瓶子,张开双臂,使瓶子远离身体。

3 **观察** 说说你的感受。每个瓶子受到的重力是否相同?

4 **推测** 作用在两个瓶子上的重力是否相等?你是怎么知道的?

迷你实验

设计一架纸飞机

1. 拿出一张纸。如果你知道怎样制作一架纸飞机，并且有一个设计方案，那就开始制作吧！制作时，写下你的步骤，这样其他人也可以制作相同的纸飞机。

____

____

2. 如果你不知道怎样制作纸飞机，那就用不同的方法进行尝试，并检验不同的设计。你可以向老师或同学寻求帮助。

3. **观察** 用你的纸飞机进行试飞。它表现得怎么样？

____

4. **实验** 改进你的设计并再次试飞。飞机是否飞得更远了？

____

____

____

5. 在飞机的前端夹一个回形针。飞机是否飞得更远了？

____

6. **分析数据** 利用皮尺测量纸飞机飞行的距离，并记录结果。将你的结果和其他同学的进行比较。

____

____

学习指南

你可以用白纸、坐标纸或者其他可书写的纸来做学习指南，具体的制作方法如下所示。

1 半页式

制作方法：

1. 折出一个粘贴区。
2. 沿虚线将粘贴区粘到书中的指定位置。

2 单标签式

制作方法：

1. 折出一个粘贴区。
2. 沿虚线将粘贴区粘到书中的指定位置。

3 双标签式

制作方法：

1. 折出一个粘贴区。
2. 沿虚线将粘贴区粘到书中的指定位置。
3. 沿中间线将这张纸剪成两个标签。

4 纵向三标签式

制作方法：

1. 折出一个粘贴区。
2. 沿虚线将粘贴区粘到书中的指定位置。
3. 沿中间线将这张纸剪成三个标签。

5 横向三标签式

制作方法：

1. 折出一个粘贴区。
2. 沿虚线将粘贴区粘到书中的指定位置。
3. 沿中间线将这张纸剪成三个标签。

学习指南

6 四门式

制作方法：

1. 折出两个粘贴区。
2. 沿虚线将靠左的粘贴区粘到书中的指定位置。
3. 将靠右的粘贴区粘到书上。
4. 沿中间线将这张纸剪成两个标签。

7 三标签式韦恩图

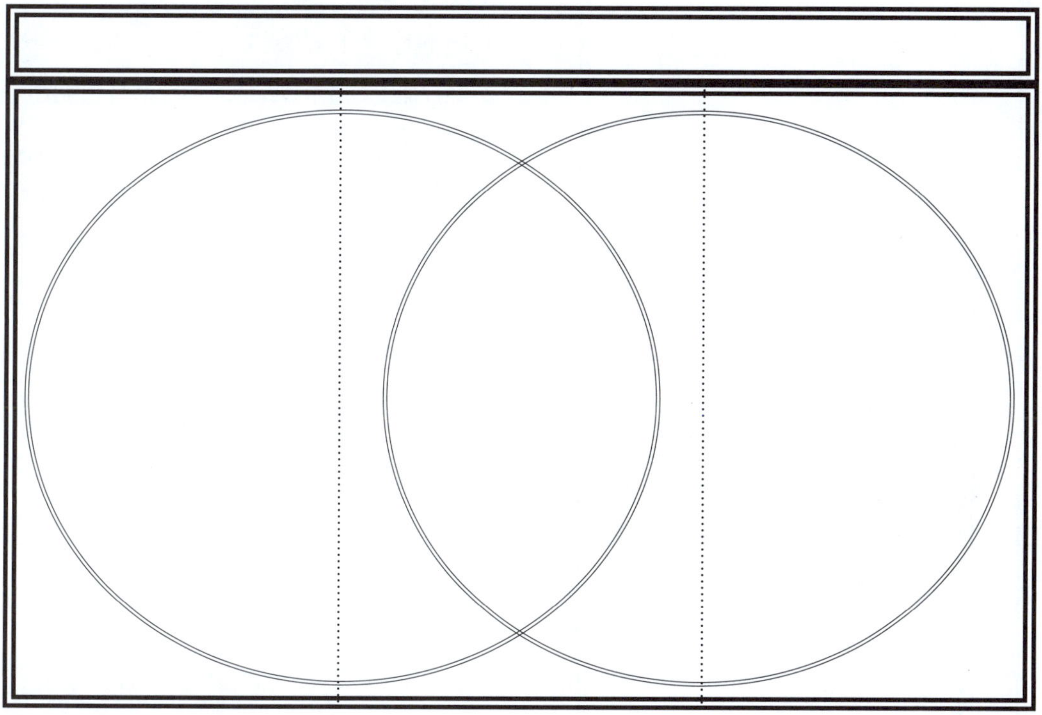

制作方法：

1. 折出一个粘贴区。
2. 沿虚线将粘贴区粘到书中的指定位置。
3. 沿中间线将这张纸剪成三个标签。

8 纵向四标签式

制作方法：

1. 折出一个粘贴区。
2. 沿虚线将粘贴区粘到书中的指定位置。
3. 沿中间线将这张纸剪成四个标签。

9 横向四标签式

制作方法：

1. 折出一个粘贴区。
2. 沿虚线将粘贴区粘到书中的指定位置。
3. 沿中间线将这张纸剪成四个标签。

学习指南

10 百叶窗式

制作方法：

1. 折出两个粘贴区。
2. 沿虚线将靠左的粘贴区粘到书中的指定位置。
3. 将靠右的粘贴区粘到书上。

折叠式学习手册

折叠式学习手册的制作方法如下所示。

对折簿

1. 把一张纸对折。
2. 可以竖着折叠这张纸。
3. 也可以横着折叠这张纸。

折叠簿

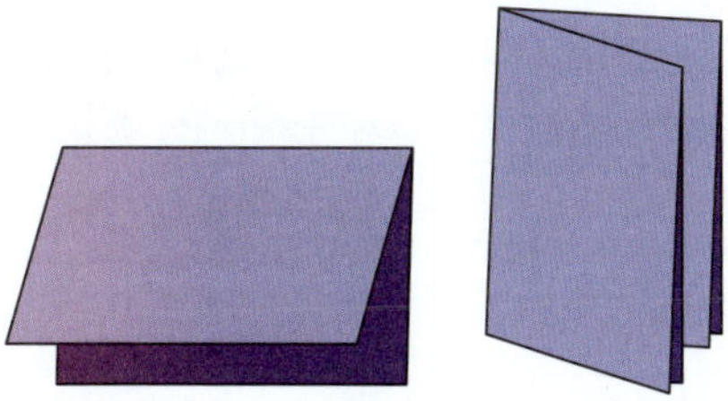

1. 做成对折簿。
2. 再次对折，把信息写在靠外的两页和中间的两页上。

口袋簿

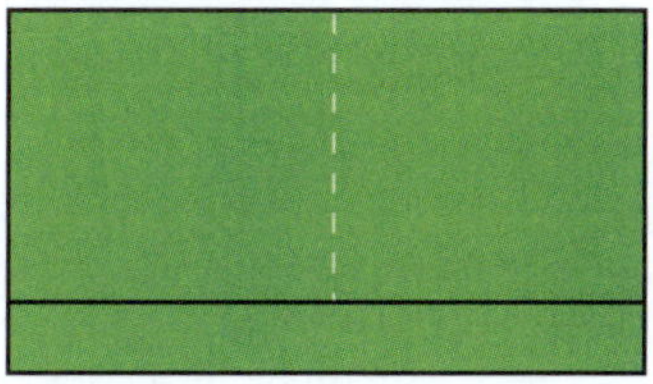

1. 将一张纸横向对折。
2. 展开这张折叠过的纸，沿长边向内折5厘米形成一个口袋。再按步骤1把纸折回去，确保刚折出的口袋在里面。
3. 用少量的胶水把5厘米宽的折叠部分的外缘粘起来。

百叶窗折页

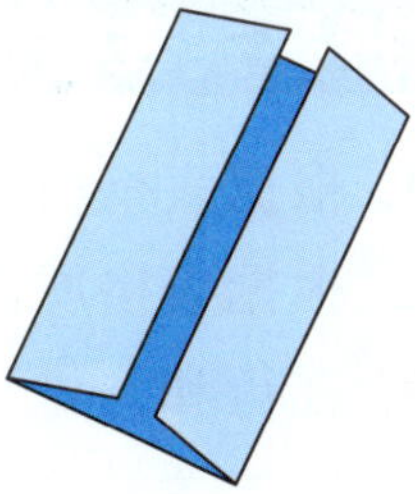

1. 横向对折一张纸，但不要使纸有折痕。捏它一下，以标记中点。
2. 折叠这张纸的两边，使它们在你捏过的地方或在中点相接，这样就形成了百叶窗折页。

学习指南

三折簿

1. 把一张纸折叠成均匀的三份。
2. 直接使用或者剪成需要的形状。

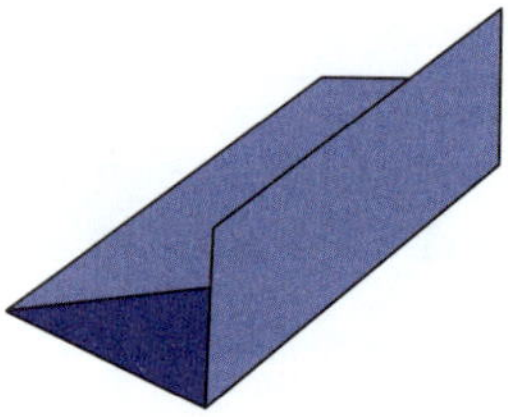

三栏簿

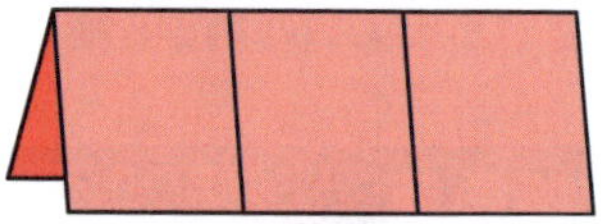

1. 把纸沿着短边对折。
2. 放平后，再把它折成均匀的三份。
3. 打开纸，沿着短折痕把半张纸剪成三份。

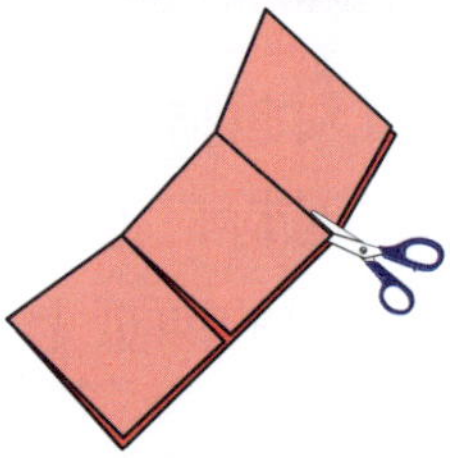

叠层簿

1. 把两张纸叠在一起，使后一张比前一张高2.5厘米。
2. 确保两张纸要左右对齐。将两张纸的底部向上折起，使前一张比后一张低2.5厘米。
3. 打开两张纸，用胶水把折痕粘起来，或者用订书机把折痕订起来。

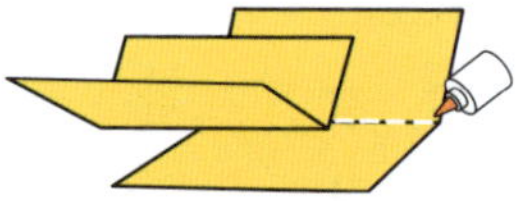

折叠式表格

1. 根据表格所需的列数折出列。
2. 根据表格所需的行数折出行。
3. 在行和列处写上内容。

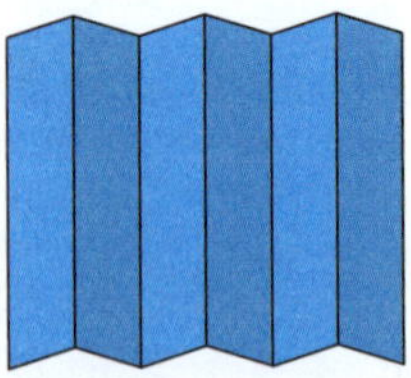

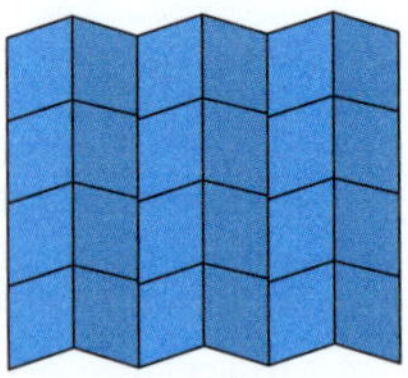

《科学启蒙（第二版）》版权声明

科学启蒙（第二版）STEM ④

McGraw-Hill Education
Science A Closer Look
Grade 4, Science, Engineering, And Technology: Consumable Student Edtion
ISBN-10: 0021438161
Copyright © 2014 by McGraw-Hill Education.

All Rights reserved. No part of this publication may be reproduced or transmitted in any form or by any means, electronic or mechanical, including without limitation photocopying, recording, taping, or any database, information or retrieval system, without the prior written permission of the publisher.
This authorized Chinese translation edition is jointly published by McGraw-Hill Education and Zhejiang Education Publishing House.This edition is authorized for sale in the People's Republic of China only, excluding Hong Kong, Macao SAR and Taiwan.
Copyright © 2019 by McGraw-Hill Education and Zhejiang Education Publishing House.

版权所有。未经出版人事先书面许可，对本出版物的任何部分不得以任何方式或途径复制或传播，包括但不限于复印、录制、录音，或通过任何数据库、信息或可检索的系统。

本授权中文简体字翻译版由麦格劳-希尔（亚洲）教育出版公司和浙江教育出版社合作出版。此版本经授权仅限在中华人民共和国境内（不包括香港特别行政区、澳门特别行政区和台湾）销售。

版权 ©2019由麦格劳-希尔（亚洲）教育出版公司与浙江教育出版社所有。

本书封面贴有McGraw-Hill Education公司防伪标签，无标签者不得销售。

浙江省版权局著作权合同登记号：11-2018-537

图书在版编目（CIP）数据

科学启蒙：第二版. STEM. ④ / (美) 杰伊·哈克特 (Jay K. Hackett) 等著；STEM未来计划编写组译. -- 杭州：浙江教育出版社，2020.4
ISBN 978-7-5722-0080-9

Ⅰ. ①科… Ⅱ. ①杰… ②S… Ⅲ. ①科学知识—少年读物 Ⅳ. ①Z228.1

中国版本图书馆CIP数据核字(2020)第046680号

科学启蒙（第二版）
KEXUE QIMENG DIERBAN
STEM ④
STEM ④

出版发行　浙江教育出版社（杭州市天目山路40号　邮编：310013）
原 著 名　SCIENCE A CLOSER LOOK GRADE 4, SCIENCE, ENGINEERING, AND TECHNOLOGY: CONSUMABLE STUDENT EDITION
本册翻译　STEM未来计划编写组
图片来源　海洛创意
责任编辑　陈　薇
封面设计　韩　波
责任校对　王　强
责任印务　沈久凌

图文制作　杭州兴邦电子印务有限公司
印　　刷　杭州富春印务有限公司
开　　本　787mm×960mm　1/16
印　　张　6.75
字　　数　135 000
版　　次　2020年4月第1版
印　　次　2020年4月第1次印刷
标准书号　ISBN 978-7-5722-0080-9
定　　价　25.00元

网　　址：www.zjeph.com
如发现印、装质量问题，影响阅读，请与承印厂联系调换。
联系电话：0571-64362059

本书封底贴有McGraw－Hill Education公司防伪标签，无标签者不得销售。